大学生思想政治教育的理论与实践探索

党彩云　韩程羽　梁　晨◎著

北京燕山出版社
BEIJING YANSHAN PRESS

图书在版编目（CIP）数据

大学生思想政治教育的理论与实践探索 / 党彩云，韩程羽，梁晨著.—北京 ： 北京燕山出版社，2023.10
　　ISBN 978-7-5402-7015-5

　　Ⅰ．①大… Ⅱ．①党… ②韩… ③梁… Ⅲ．①大学生－思想政治教育－研究－中国 Ⅳ．①G641

中国国家版本馆 CIP 数据核字(2023)第 135756 号

大学生思想政治教育的理论与实践探索

作　　者	党彩云　韩程羽　梁　晨
责任编辑	李　涛
出版发行	北京燕山出版社有限公司
社　　址	北京市西城区椿树街道琉璃厂西街20号
电　　话	010–65240430
邮　　编	100052
印　　刷	北京四海锦诚印刷技术有限公司
开　　本	787mm×1092mm　1/16
字　　数	191千字
印　　张	10.75
版　　次	2023 年 10 月第 1 版
印　　次	2023 年 10 月第 1 次印刷
定　　价	78.00 元

作 者 简 介

党彩云，1986年3月出生，女，甘肃高台人，汉族，大学本科学历。现任共青科技职业学院中级讲师，研究方向为高校思想政治教育等。

韩程羽，女，天津人，硕士研究生，讲师，现就职于北京科技大学天津学院，主要研究方向为美育、思政教育。其创作和指导的舞蹈作品荣获国家级、省部级各种奖项二十余项，获得院级个人奖四项。

梁晨，女，安徽人，博士研究生。中央戏剧学院思想政治理论课教学研究部讲师，研究方向为政治学理论、思想政治教育等。出版专著《启蒙语境下的中国女权问题研究（1890s—1930s）》，发表论文《胡适关于"自由社会主义"的探索》《文化再生产系统政治性的意识形态权力意涵》《论以人民为中心领导型政党的中国之治——以"脱贫"和教育"双减"新政为例》等。

前　言

青年兴则国兴，青年强则国强。青年人才成为各国政府竞争的重要对象。大学生是十分宝贵的人才资源，是民族的希望，是祖国的未来。

当今世界正处于大发展、大变革、大调整时期，和平、发展、合作的时代潮流更加强劲。世界多极化、经济全球化深入发展，多边主义和国际关系民主化深入人心，开放合作、互利共赢成为国际社会的广泛共识，国与国相互依存更加紧密。在全球化大背景下，我国高等教育改革进程的实践不断推进。作为高校人才培养重要组成部分的大学生思想政治教育，面临的不仅是在新形势下如何提高吸引力和有效性，培养中国特色社会主义的合格建设者和可靠接班人的问题，更关系着在跨国界、跨民族、跨文化的高等教育交流与合作中，如何增强和发挥我国文化软实力的问题。

大学生思想政治教育不能漠视正在进行的全球化与高等教育国际化带来的影响和挑战，必须与时俱进、面向全球，在学习借鉴中发展创新，基于此，本书是大学生思想政治教育方向著作，主要研究大学生思想政治教育的理论与实践。本书从思想政治教育概述入手，针对大学生思想政治教育的方法、大学生思想政治教育的途径与教育载体优化进行了分析研究，还对大学生思想政治教育的育人渗透机制、学风建设机制、学生组织机制进行了简单的介绍。另外，对大学生思想政治教育评价与教师队伍建设提了一些建议，最后对"互联网＋"时代下高校思想政治教育关系的变化、教育模式、教育课程与教育路径的创新做了简单的探讨。

在本书写作的过程中，笔者参考了许多资料以及其他学者的相关研究成果，在此表示由衷的感谢。鉴于时间较为仓促，水平有限，书中难免出现一些谬误之处，在此恳请广大读者、专家学者能够予以谅解并及时进行指正，以便后续对本书做进一步的修改与完善。

目　录

第一章　思想政治教育概述

第一节　思想政治教育的内容

一、思想政治教育的基本内容

思想政治教育的基本内容，也就是思想政治教育内容系统的基本要素。分析和把握思想政治教育的内容系统及其结构，首先就要分析思想政治教育的基本内容。

（一）思想教育

思想教育主要是世界观、方法论的教育，着重解决主观与客观相符合的问题。不仅要解决主观与客观是否符合的问题，还要解决主观与客观如何符合的问题。前者是加强世界观教育的问题，后者是加强方法论教育的问题。加强世界观、方法论教育，把用科学的理论武装人作为思想政治教育的基础工程，提高受教育者认识世界、改造世界的能力，树立科学的世界观、人生观、价值观，克服资产阶级及其他一切剥削阶级的思想影响，同一切违背科学真理的错误思想和伪科学现象做斗争，巩固无产阶级的思想统治和社会主义意识形态的主导地位。当前，需要注意加强马克思主义唯物论、无神论和现代科学知识教育，弘扬科学精神，提高人们识别、抵制和反对各种伪科学和封建迷信活动的能力。思想教育还要着力于解放思想，转变观念，指导和推动人们的工作、学习与生活。

（二）政治教育

政治教育主要是进行政治理想、政治信念、政治方向、政治立场、政治观点、政治情感、政治方法、政治纪律等方面的教育，重点是解决对国家、阶级、社会制度等重大政治问题的立场和态度。要加强爱国主义、集体主义、社会主义教育，增强人民对党、对祖国、对中国特色社会主义制度的政治共识和深厚感情。要加强民主法制教育，加强宪法教育，使受教育者正确认识民主与法制的辩证关系，增强社会主义民主意识与法制观念，自觉遵守宪法和其他各项法律，高度重视与充分行使民主权利。要加强公民教育，正确认识公民的权利与义务，增强公民的国家归属感和社会责任感，充分行使公民权利，履行公民义务，促进公民的政治社会化。

（三）道德教育

主要是进行行为规范的教育，内化道德规范，形成道德观念，发展道德判断，培养道德情感，养成道德行为，提高道德素质。为此，要加强以为人民服务为核心、以集体主义为原则的社会主义道德教育，使人们树立与社会主义市场经济相适应的道德观念和道德行为，克服资产阶级腐朽的拜金主义、享乐主义、个人主义的错误观念的影响，正确认识和处理国家、集体、个人三者之间的利益关系。加强社会公德教育，掌握和实行社会公共生活准则，维护公共财物，遵守公共秩序，爱护公共环境，参与公益事业，敢于见义勇为，勇于向不道德的社会现象和行为做斗争。加强职业道德教育，树立爱岗敬业、诚实守信、办事公道、服务群众、奉献社会的职业道德，克服行业不正之风，改善服务态度，提高服务质量。还要加强家庭美德教育，形成平等和睦的家庭关系和团结友好的邻里关系。社会主义道德教育的重要内容之一就是促进人与人之间的相互理解、相互尊重、相互关心、相互帮助，形成平等、友爱、团结、互助的社会主义新型人际关系。道德教育实质上是养成教育。因此，在进行道德教育时，重点不是认知道德规范，而是内化道德规范，践履道德规范，用道德规范来指导和约束自身的行为，提高道德自律能力，形成良好的、稳定的道德品行。

（四）心理教育

主要是提高受教育者心理素质的教育。在改革开放和发展社会主义市场经济条件下，由于竞争机制强化，变化节奏加快，工作、学习、生活的紧张度增加，人们的心理压力也日益加大，一些人缺乏应有的心理承受能力，难以承受过重的心理负荷，有的甚至产生了一定程度的心理疾病。因此，心理教育的内容，就是进行心理健康教育和指导，使受教育者形成良好的个性、健全的人格、健康的情感、乐观的心态、坚强的意志，特别是要增强受教育者在激烈的竞争中勇于进取、不怕挫折、自强自立、艰苦创业的意志品质和能力。

二、思想政治教育内容的结构关系

思想政治教育内容的结构关系主要表现为思想政治教育诸多内容之间的整体性、有序性和层次性关系。

（一）整体性关系

思想政治教育内容的整体性关系是指思想政治教育内容之间是富有内在联系的有机整体。具体表现为以下三点：

1. 思想政治教育内容之间的整体性关系是思想政治教育系统存在的内在要求

系统论认为，结构是系统要素的内部稳定关系，是一种相对"固化"了的内在联系。系统整体的性质不是从整体以外去寻找，而是由互相依存的各个部分的关系来说明。思想政治教育内容作为整体，有一种内在的和谐性，表现为要素的多样统一性和协同相关性。思想政治教育诸内容反映思想政治教育系统的整体性，它主要体现在以下两个方面。其一，思想政治教育是由各方面内容组成的一个有机整体。思想政治教育既存在着核心的、主导的、本质的内容，又存在着日常的、多样的、拓展的内容；既包括政治教育、思想教育、道德教育，又包括法纪教育和心理教育；既包括世界观、人生观、价值观教育，又包括爱国主义、集体主义、社会主义教育；既包括"应然"的教育内容，又包括"实然"的教育内容；既有系统的教育内容，又有日常的教育内容；既有基础性内容，又有主导性内容，是一个既有时代性和变动性又有继承性和稳定性、既相对稳定又不断发展的体系。其二，思想政治教育内容具有整体协同规律。思想政治教育内容的各个方面并不是偶然堆积、随意拼凑在一起的，而是一个由各要素合乎规律组成的有机整体，是遵循社会发展的要求，针对受教育者的思想实际，按一定的时空联系和组合方式，从而形成思想政治教育内容的有机整体，这种组合方式就是思想政治教育内容之间的内在联系。思想政治教育内容在整体上所显现的性质和功能，大于各个内容在孤立状态下所具有的性质和功能。因此，思想政治教育内容的确定，要适应社会政治、经济、文化发展的需要，保持一种动态的稳定性，既体现时代精神，又保持一定的规范、连贯和稳定，既要注重全面性、系统性，又要增强时代感和针对性，从而使思想政治教育内容在变动中协调有序，在稳定中富有生机活力。

2. 思想政治教育内容之间的整体性关系是思想政治教育目标的整体性关系的逻辑展现

思想政治教育目标，是指一定社会对教育所要造就的社会个体在思想政治品德方面的质量和规格的总的设想和规定，它反映了社会对受教育者在政治、思想、道德、法纪、心理等方面素质的综合要求，是对教育活动预期结果的一种价值限定和观念化形式。思想政治教育目标决定着思想政治教育内容，思想政治教育内容是思想政治教育目标的展现，所以，从逻辑上讲，有什么样的思想政治教育目标就有什么样的思想政治教育内容。思想政治教育是以人们的思想品德形成发展和对人们进行思想政治教育的规律为研究对象的。思想政治教育过程的特殊矛盾是一定社会和阶级对于人们思想品德的要求与人们实际的思想品德水准之间的矛盾。这个特殊矛盾赋予了思想政治教育的目标和内容，即把本阶级、本社会对人们的思想政治品德要求变成人们实际的思想政治品德，使人们的思想政治品德实现从"现有"向"应有"的转变。可以说，正是思想政治教育过程的特殊矛盾规定着思想政治教育内容的存在和发展。

3. 思想政治教育内容之间通过思想政治教育过程的整体性而显示自己的整体性关系

根据思想政治教育内容的基本特征和内在要求，思想政治教育内容应该贯穿并反映思想政治教育实践过程的整体。其一，思想政治教育内容是作为思想政治教育过程整体各要素而存在的，是作为思想政治教育过程各要素之间的内在联系而联系着的。思想政治教育内容与思想政治教育过程各环节相互渗透，循序渐进，逐步深入，构成了思想政治教育有机整体。离开了思想政治教育内容，思想政治教育过程就无法正常运行。其二，思想政治教育内容之间是作为思想政治教育目标整体性质和功能而存在的，是作为思想政治教育目标的各要素联结方式而存在的，是作为思想政治教育目标结构而存在的。从社会演进和人的发展来看，思想政治教育目标可以说就是人性、公民性、民族性、职业性和阶级性的有机统一与完美结合。其三，思想政治教育内容之间是作为思想政治教育整体与环境之间的有机联系而存在的。思想政治教育内容不是一成不变的，在不同的时代条件、实践水平和科学发展的基础上，内容也是有变化的。思想政治教育者要根据国际国内经济、政治形势的变化，根据教育对象特点的变化，及时对内容体系进行充实和调整，使教育内容具有先进性，体现时代发展的特征。

（二）有序性关系

有序性是指事物诸要素之间具有一定的秩序和规则，如空间上具有一定的次序，时间上表现为一定的发展顺序等。思想政治教育内容的有序性关系，是指思想政治教育内容之间所表现出的顺序性和系列性。

1. 顺序性

思想政治教育内容的顺序性是指思想政治教育内容在产生、形成和发展的过程中，都要遵循一定的逻辑程序，从一方面内容上升到另一方面内容。思想政治教育内容的产生、形成和发展的这一秩序就是它的顺序性。这种顺序性主要体现在以下三个方面。一是从简单到复杂的顺序。这是指思想政治教育内容遵循从简单到复杂的产生、形成、发展顺序。思想政治教育内容是一个复杂的体系，包含了许多不同的方面、不同的关系和不同的特征，是反映社会性质、发展阶段及其变动特点的社会意识形态，它从概括人和社会最简单的方面、关系、特征开始，在人的思想最简单的方面、关系、特征中，包含了思想政治教育一切矛盾的萌芽。恩格斯曾指出："历史从哪里开始，思想进程也应当从哪里开始，而思想进程的进一步发展不过是历史进程在抽象的、理论上前后一贯的形式上的反映；这种反映是经过修正的，然而是按照现实的历史过程本身的规律修正的，这时，每一个要素可以在它完全成熟而具有典型性的发展点上加以考察。"从原始社会人性作为最基本的要求发展到阶级社会公民性、民族性、职业性乃至阶级性的思想政治教育，均是随着社会性质和形态从简单到复杂的演化过程而发展的。二是从低级到高级的顺序。这是指思想政治教育内容的产生、形成和发展所呈现出反映思想政治教育目标由低级到高级的顺序。思想政治教育内容和任何事物一样，其本身的发展过程，总是从最低级开始，然后逐步上升，一级一级地向高级发展的，由最初实现个体目标的内容上升到实现社会目标的内容。三是从抽象到具体的顺序。这是指思想政治教育内容的产生、形成、发展过程呈现出从思想政治教育最一般的抽象开始，逐步地向理性具体发展的过程。就思想政治教育内容系统来说，引导和帮助受教育者树立马克思主义世界观是思想政治教育的核心内容。在我国社会主义初级阶段，共产主义人生观是最高的人生观层次，而我国改革开放和社会主义现代化建设的现实，要求思想政治教育的内容是引导和帮助受教育者树立为人民服务的人生观和集体主义价值观。

2. 系列性

思想政治教育内容的系列性是指思想政治教育内容总是呈现出不同方面、不同关系、不同内容的归类和排列。因为思想政治教育内容总是随着社会和时代的发展和人的发展而不断变化的，所以，思想政治教育内容呈现出系列性。这种系列性主要表现为以下三个方面。一是时间系列。这是指思想政治教育内容的产生、形成和发展有其时间先后和相互承继关系，可以在时间上归类和排列。之所以如此，是因为思想政治教育内容本身的发展有其历史延续。从社会历史来看，思想政治教育内容是随着时代的发展而发展的，从古代到近现代，思想政治教育内容无不体现着社会经济、政治、文化变化的新格局。从人的个体发展来看，受教育者生理心理发展状况和思想品德发展水平的差异，必然要求思想政治教育内容由浅入深，逐层递进，整体协调。二是空间系列。这是指思想政治教育内容有一个空间上的并存性问题，在空间上归类和排列。思想政治教育内容空间系列是由教育环境的多变性和教育对象的层次性决定的。人的思想政治品德的形成和发展既要受社会、学校、家庭环境等外部条件的影响，也要受自身的成熟程度、认识能力、知识和经验水平等内部因素的制约。因此，针对不同的教育环境和不同人的认识水平差异，思想政治教育内容呈现不同的空间系列。三是时空结合的坐标系列。这是指思想政治教育内容在时间、空间结合上进行归类和排列。因为思想政治教育内容在时间和空间上是不能分离的，所以反映思想政治教育内容也可以在时空结合上成为系列，比如对受教育者进行的爱国主义、集体主义、社会主义教育，世界观、人生观、价值观教育，爱祖国、爱人民、爱劳动、爱科学、爱社会主义的教育，以"爱国守法、明礼诚信、团结友善、勤俭自强、敬业奉献"为基本内容的社会公德、职业道德、家庭美德教育等，无不呈现出时空结合的坐标系列。

（三）层次性关系

所谓层次，是指事物内在结构和相应功能的等级，是系统和要素之间的地位、等级和相互关系。思想政治教育内容的层次性关系是指思想政治教育内容构成具有不同层次，这种层次关系主要表现在以下三个方面：

1. 高低层次

这是指思想政治教育内容由于受教育目标层次制约呈现出低级、高级的等级状态。思想政治教育内容的高低层次主要表现为以下三个层次。一是最低层次。这是处在最基础地位目标的要求所决定的思想政治教育内容，其他思想政治教育内容是建立在此基础之上的。作为教育目标，它首先要求进入思想政治教育过程的人是一个完整意义上的人，从而为整个教育打下良好的基础。二是中间层次。作为一个社会人，无不归依于一定的国家和地区，而作为一个公民就应当承担相应的义务，并享受一定的权利。因此，公民性要求和民族性要求被提了出来。职业性则是对从事一定职业的人的要求，各行各业都要遵循一定的职业道德规范。与此相应的公民性、民族性、职业性教育成了思想政治教育内容的中间层次内容。三是最高层次。阶级性是阶级社会里人的社会性的主要内容，是最高层次的教育要求。统治阶级必须对其成员实施与阶级性有关的意识形态教育，思想政治教育的阶级性决定了思想政治教育内容具有阶级性，与此相应的政治观、阶级观教育成为思想政治教育内容的最高层次内容。

2. 联系层次

这是指思想政治教育内容之间联系的层次。思想政治教育内容各个方面、各种特征有着内在联系的层次，这种层次，我们称之为联系层次。它主要有以下两种表现形态：一是台阶联系层次，这是指思想政治教育内容之间的联系表现为以基础性教育内容为第一级台阶，从基础性教育内容发展到占主体地位起主导作用的主导性教育内容，以此为骨架，再拓展出适应时代和社会发展要求的拓展性内容，如此一步一步地"上升"，形成思想政治教育内容的台阶；二是宝塔联系层次，就思想政治教育内容系统来说，心理教育、法纪教育、道德教育是最基础、最基本的内容。思想教育是最经常、最大量的教育内容，它以马克思主义为指导，以世界观、人生观、价值观教育为中心内容。政治教育则是最高层次，它要求受教育者树立阶级观点，端正政治立场，提高政治觉悟，具有辨别政治方向，有效进行政治参与的能力，实施政治教育显得更为艰巨。这些教育内容呈现出由低到高、由浅入深的发展趋势。

3. 立体综合层次

立体综合层次是指思想政治教育内容之间的先后、内外、上下、左右等时空层次的表现。思想政治教育内容是一个富有逻辑的结构系统，与教育对象素质塑造的完整性、接受能力的渐进性相适应，依据一定社会的客观要求和受教育者的个性心理、思想实际、知识水平、接受能力，确定实施教育内容的广度、深度、进度和强度，它立足于人的思想实际，有的放矢，又根据人的认知规律，循序渐进。其总体要求是根据变化了的社会经济、政治、文化生活的实际，以思想政治教育目标和任务为导向，根据时代要求、教育对象的特点和人的思想品德发生发展规律，从思想理论层面、价值观念层面、文化心理层面和社会规范层面，科学地设计思想政治教育内容，即以"有理想、有道德、有文化、有纪律"为根本目标，遵循人性、公民性、职业性、民族性和阶级性的社会整合目标和个体发展轨迹，实施心理教育、法纪教育、道德教育、思想教育和政治教育。在这个立体综合体系中，反映了对教育对象的层次要求。在此基础上，按照人的全面发展的要求整合教育内容，构建出如日常性内容、系统性内容、时政性内容、基础性内容、主导性内容、拓展性内容相统一的立体综合的内容结构体系。这样的内容结构体系既具有纵向顺序性、对应性，又具有横向交互性、融合性，从而组成科学的教育目标、多层次的教育规格和系统的教育内容。

上述思想政治教育内容之间的关系相互渗透、相互影响、互为前提，在一定程度上反映了思想政治教育内容构建的基本规律。思想政治教育内容只有从整体出发，保持现实针对性和内在逻辑性，保持层次之间的动态联系，才能发挥整体效益。我们要重视研究思想政治教育内容之间的关系，科学构建思想政治教育的内容结构体系，以增强思想政治教育的系统性、现实性和针对性，使之更加适应社会发展的趋势和人的全面发展的要求。

第二节　思想政治教育的目标

一、确立大学生思想政治教育目标的立足点

（一）体现党的教育方针

思想政治教育目标作为一定社会对思想政治教育活动预期结果的设计，总要体现在这个社会中占统治地位阶级的要求。高等学校是培养高素质人才的重要基地和摇篮，但社会主义大学还肩负着培养社会主义事业接班人的重任。培养社会主义建设者和接班人是我们党的根本教育方针。因此，高等学校必须坚持社会主义办学方向，加强大学生思想政治教育，努力培养造就具有社会主义思想觉悟和良好道德修养、掌握现代化建设所需要的丰富知识和扎实本领的优秀人才。

（二）满足社会发展的需要

人的本质是社会关系的总和，脱离一定生产力和生产关系的抽象的人是不存在的，人的发展不能离开社会的发展。大学生思想政治教育是社会实践活动的重要组成部分，它既是社会发展的产物，也是促进社会进一步发展的条件。确立和调整大学生思想政治教育目标，必须适应和满足一定的社会发展需要。在社会发展进程中，生产力是决定因素，它决定和推动着生产关系与上层建筑的变化和发展，推动着整个社会的变化和发展。思想政治教育工作适应和满足社会的发展，最根本的就是要适应和满足社会生产力发展的需要，因为生产力的现实状况和客观需要对思想政治教育工作目标的制定和实施起着决定性的影响。我党在各个历史时期的奋斗目标和中心任务，反映了社会在不同阶段发展的根本需要，为我们制定不同时期的大学生思想政治教育目标提供了根本依据。我们在构建大学生思想政治教育目标时，既要立足现实，从实际出发，又要超越现实，面向未来，适应未来社会发展的需要，只有这样，大学生思想政治教育目标才能得到科学的制定和有效的实施。

（三）体现大学生自身发展的需要

大学生思想政治教育是培养和塑造大学生的活动，大学生思想政治教育的所有活动都直接作用于大学生，正确认识和分析大学生的主体特点和需要是目标设定的起点和基础。

大学生思想政治教育目标的设定只有符合大学生的特点和需要，才能更有效地促进大学生的和谐发展。如果忽视大学生的特点，忽视大学生的需要，思想政治教育就容易沦为空洞的说教。因此，大学生思想政治教育目标的设定，既要满足社会发展的客观需要，又要体现大学生的主体特点和需要。只有当目标建立在社会发展与大学生的发展的客观现实基础上，才能真正引导人们积极从事教育实践活动。

一般而言，大学生正处于青年发展的中期阶段，处于人生中生理机能最旺盛的时期，他们精力充沛，活动力强，思想敏锐，敢于追求真理，勇于探索，主体意识和参与意识较强，这些身心条件不仅为大学生灵敏地反映现实社会状况，形成某种思想认识并外化为行为打下了良好的生理基础，而且使得大学生在知行之间的转化速度及行为的强度上，都明显优于其他年龄阶段的群体。同时，由于大学生社会阅历浅，心理发展的趋向还不稳定、不成熟，因此大学生在情感、意志、自我意识等方面往往处于不平衡的发展状态，容易和社会现实发生矛盾冲突。加上强烈的聚群性特点以及受到群体压力的影响，使得他们常常出现从众行为，形成某种思想共振，产生狂热情绪和冲动行为，容易把一些社会现象看作社会的本质。总之，他们正在逐步走向成熟而又未完全成熟，具有很强的可塑性。正确认识大学生的身心特点，并以此作为大学生思想政治教育目标构建的依据之一，大学生思想政治教育才能取得良好的效果。

在构建大学生思想政治教育目标时，还必须考虑大学生的合理利益和要求。大学生阶段是人的需要发展的高峰时期，对社会的各种需求随着生理和心理发展的逐步成熟而急剧增长，他们对衣食住行呈现出比其他年龄阶段的人更丰富和强烈的要求。在设定思想政治教育的目标时应考虑大学生在发展过程中的合理需求，关照他们的工作、学习和生活世界，关心他们生存发展的能力，并体现在具体目标中。只有这样，思想政治教育工作的目标才能被大学生真正接受，才会使大学生自觉地把社会要求内化为自身的思想观点、理想信念，然后外化为行为，形成行为习惯，进而达到社会需要和个人发展需要的辩证统一。事实证明，不切实际的、与大学生利益需要相脱节的思想政治教育工作目标不仅难以实现，还会削弱它本来所具有的严肃性和教育效果。

（四）体现不同时期党的方针政策的变化

大学生思想政治教育目标不是一成不变的，而是随着党的方针政策的变化需要进行不断调整和完善，反映党在不同时期路线、方针、政策的变化。联系各个历史时期的具体背景，我们会发现大学生思想政治教育目标的提出有其内在依据。大学生思想政治教育是国家政治活动的一部分，其特定目标的提出肯定与国家政治生活的变化有关，尤其是党和国家在路线、方针等方面的变化会很快反映到思想政治教育目标上来。

（五）既要体现整体性，又要注重层次性

确定大学生思想政治教育目标，必须注意目标体系的整体协调，既要有世界观、人生观、价值观方面的要求，也要有民族精神、基本道德规范、人文素养、科学精神、健康体质等方面的要求，同时要注意目标体系的层次性，既要有立足于大学生实际的普适性目标，又要有引导大学生不断追求的更高目标，使他们中的坚定分子树立共产主义远大理想，确立马克思主义坚定信念。

二、大学生思想政治教育的目标体系建构

构建大学生思想政治教育目标体系是大学生思想政治教育的首要问题。它直接决定着在思想政治教育系统工程中确定方向、统一认识、规划内容、选择方法、建设队伍、有效管理、科学评价等一系列问题。它既是思想政治教育的出发点，也是思想政治教育的归宿点。

（一）大学生思想政治教育目标体系的含义

由党和国家，根据时代要求和社会稳定发展的历史任务及受教育者健康成长的需要所提出的教育总目标，具有明显的统一性。但是，思想政治教育目标本身又是一个具有复杂性、多样性、层次性的体系，实现思想政治教育目标每一个进程，除了总目标的指导、制约之外，还要根据思想政治教育过程的每一种具体情况来制定相应的思想政治教育目标，以便发挥它的导向、选择、激励和评价等功能，否则，就很难形成一个具体、有效的思想政治教育过程，进而将直接影响思想政治教育实效。并且，在不同的教育阶段有不同的教育阶段目标，也有不同的思想政治教育阶段目标。因此，我们应当根据国家对人才的总体要求，结合新时期我国经济社会发展的实际需要，结合高等教育阶段的本质属性和基本特征，结合大学生的基本特点，构建一个科学、完整、有效的大学生思想政治教育目标体系。

思想政治教育目标体系呈开放式四维立体结构，是在整体构建思想政治教育体系的德性论、德育论和系统论等的指导下，将思想政治教育总目标划分为横向贯通渗透、纵向分层递进的思想政治教育目标群。思想政治教育目标群排列有序，构成了一个自成系统却又开放的目标体系。四维思想政治教育目标体系是由横向思想政治教育目标群、纵向思想政治教育目标群及其内部结构，以及发展变化着的外部结构（社会实际需要）组成的。

横向思想政治教育目标群可排列为：政治要素目标、思想要素目标、道德要素目标、法纪要素目标和心理要素目标。这五个要素目标在学生个体成长中，不断整合为一个思想政治教育总目标，在这里，政治要素目标是根本，思想要素目标是导向，道德要素目标是核心，法纪要素目标是保障，心理要素目标是基础。它们构成了互相贯通、互相渗透、互为制约的思想政治教育目标规格的统一体。

纵向思想政治教育目标群是指各个年级的目标，即根据循序渐进的原则，对不同教育阶段和不同年级段的学生分步要求、螺旋上升。低学段思想政治教育目标是高学段思想政治教育目标的基础，高学段思想政治教育目标是低学段思想政治教育目标的发展。它们之间相互衔接、分层递进，学生个体随着学段的发展，其思想政治教育目标也逐渐提升，如此构成思想政治教育目标的纵向发展体系。

思想政治教育目标体系的内部结构是由认知目标、情感目标、意志目标、信念目标和行为目标组成的。其中，由于自觉的、坚定的行动取决于坚强的意志和坚定的信念，意志目标和信念目标可以包含于行为目标中。横向思想政治教育目标群结构中的五个目标，其每个目标都含有认知目标、情感目标、行为目标；纵向思想政治教育目标群结构中的各学段目标，其中每一个学段的目标也都含有认知目标、情感目标、行为目标。它们纵横交错、有机统一，构成了思想政治教育目标的有机体系。

思想政治教育目标体系的外部结构，是涵盖社会、政治、经济、文化、环境等各方面的外部社会实际需要。面对新形势、新情况，思想政治教育在继承和发扬优良传统的基础上，必须在内容、形式、方法、手段、机制等方面努力进行创新和改进，特别要在增强时代感，加强针对性、实效性、主动性上下功夫。这要成为今后加强和改进思想政治教育的重点。思想政治教育目标体系的横向目标群、纵向目标群及其内部结构，必须把握时代脉搏，面对新形势、新情况，根据发展变化着的外部社会实际需要做适时、合理的调整，才能实现思想政治教育目标体系的与时俱进，实现思想政治教育目标体系的针对性、实效性、主动性，才能更好地发挥思想政治教育目标体系对整个思想政治教育过程的指导、调节、控制作用。这是由思想政治教育的实践性决定的。

思想政治教育是一种有着鲜明阶级性和强烈超越性的社会实践活动。然而，传统的思想政治教育目标体系论，是三维的思想政治教育目标体系论，忽视了思想政治教育目标体系的外部结构，使思想政治教育目标体系成为一个封闭式的目标体系，一个脱离了发展变化着的社会实际的目标体系，使思想政治教育背离了实践的本质特征。

（二）构建大学生思想政治教育目标体系的意义

1. 构建大学生思想政治教育目标体系，为大学生思想政治教育的内容和方法改革创新指明了方向

近年来，大学生思想政治教育工作逐渐摆脱了传统模式的束缚，开始注意按照不同层次的大学生的身心发展特征来选择相应的思想政治教育的内容和方法。但我们也应看到，大学生思想政治教育工作在系统性方面仍存在着很多问题。构建科学、完整、有效的大学生思想政治教育的目标体系，可以让高校明确思想政治教育的总目标和在思想政治教育各方面所承担的思想政治教育的具体目标，为大学生思想政治教育内容和方法的选择确立了依据、指明了方向，同时在一定程度上弥补了大学生思想政治教育工作系统性的不足，避免了思想政治教育过程中的随意性和形式主义，从而使大学生达到思想政治教育所期望的目标。

2. 构建大学生思想政治教育目标体系，为大学生思想政治教育课程的编制和教学实施确定了标准

不可否认，随着大学生思想政治教育理论研究和实践创新的不断深入，大学生思想政治教育的课程编制和教学水平都有了很大提高，但它们还缺乏科学的整合，缺乏由大学生思想政治教育目标体系提供的统一标准而形成的统一规范。因此，它们还不够科学化、系统化、规范化。构建大学生思想政治教育的目标体系，可以弥补大学生思想政治教育在这些方面的不足。

高等学校思想政治理论课是大学生思想政治教育的主渠道。要按照充分体现当代马克思主义最新成果的要求，全面加强思想政治理论课的学科建设、课程建设、教材建设和教师队伍建设，进一步推动马克思列宁主义、毛泽东思想、邓小平理论、"三个代表"重要思想、科学发展观和习近平新时代中国特色社会主义思想进教材、进课堂、进大学生头脑工作。要联系社会主义现代化建设的实际，联系大学生的思想实际，把知识传授与思想教育结合起来，把系统教学与专题教育结合起来，把理论武装与实践育人结合起来，切实改革教学内容，改进教学方法，改善教学手段。高等学校哲学社会科学课程负有思想政治教育的重要职责。要坚持和巩固马克思主义在意识形态领域的指导地位，在哲学社会科学教学中充分体现马克思主义中国化的最新理论成果，用科学理论武装大学生，用优秀文化培育大学生。高等学校各门课程都具有育人功能，所有教师都负有育人职责。广大教师要以高度负责的态度，率先垂范、言传身教，以良好的思想、道德、品质和人格给大学生以潜

移默化的影响。要把思想政治教育融入大学生专业学习的各个环节，渗透到教学、科研和社会服务各个方面。要深入发掘各类课程的思想政治教育资源，在传授专业知识的过程中加强思想政治教育，使学生在学习科学文化知识的过程中，自觉加强思想道德修养，提高政治觉悟。

3. 构建大学生思想政治教育目标体系，为大学生思想政治教育管理和评价提供了依据

思想政治教育管理包括高校学生的日常思想政治教育管理、行为规范教育管理、学籍管理、社团组织管理、生活管理、宿舍管理、学生活动管理等，涉及学校工作的方方面面，甚至包括社会教育和家庭教育等。即使是学校思想政治教育，也是环节庞大且层次复杂。思想政治教育日益受到广泛重视，在激励学生健康成长和成才以及维护高校的稳定，促进学校改革和发展等方面发挥着重要作用，取得了丰硕成果。但是，目前高校还存在着思想政治教育队伍不稳、落实不力、机制不活等问题。在总目标制约下，在一定的思想政治教育理论和方法论指导下构建的思想政治教育目标体系，能有效地弥补思想政治教育管理体系中的不足。

大学生思想政治教育目标体系与每一个具体目标之间形成各自独立又衔接紧密、结构严谨、符合逻辑的网络系统。由于思想政治教育目标具有可操作性和具体化等特点，大学生思想政治教育工作者就可以以具体的目标去监督评价学生，鼓励他们自觉地为实现具体的目标而努力；上级领导部门也就有了清楚明了的目标体系去监督评价各级各类高校和高校各年级的思想政治教育工作。

大学生的道德理念、人生态度、语言风格都已打上了鲜明的时代烙印，他们最大的特点是自我选择性极强，很少对某种价值观盲目认同，趋同意识很淡薄，喜欢自主展示思想，通过争论和碰撞形成观点，摸索新的思路。如果我们还是用陈旧的理念、标准和方式开展大学生思想政治教育的管理和评价工作，将造成重大困扰。因此，构建科学、完整、有效的大学生思想政治教育目标体系，对于健全和完善大学生思想政治教育管理和评价体系，并通过加强管理和评价工作指导大学生思想政治教育实践，增强大学生思想政治教育的科学性、主动性、针对性和实效性，是非常重要的。

（三）建立目标管理系统，有效落实大学生思想政治教育目标

目标的实施分为四大环节：目标制定、目标执行、目标评估和总结反馈。为了有效落实大学生思想政治教育目标，可以利用计算机信息技术，开发建立一个开放式大学生思想政治教育目标管理系统。这个系统可实现学生和教师的互动。系统可分为四大模块：目标

制定模块、目标执行模块、目标评估模块、总结反馈模块。目标制定模块可分为德育目标管理、学习目标管理、素质拓展目标管理、职业生涯目标管理。各部分内容可根据实际再细化，如学习目标管理可细分为课堂学习，英语和计算机过级，学术科技、学术讲座、学术报告，阅读，课堂学习又分为课程表、课程目标、重难点掌握情况、实验与作业、学习成绩、出勤情况等内容。

1. 目标制定

在目标制定模块，学生在每学期开始根据系统模块要求填写相关信息，设计学期目标计划，如在讲座、报告、阅读模块中，学生给自己制定目标，即本学期听几场讲座、报告，看几本读物。计划制订好后，系统将自动生成一份学期计划书。辅导员有权限看到每个学生的学期计划书，既可以了解学生的具体想法，又可以指导学生对目标计划进行调整。系统在目标制定的同时，设定一定分值用于后面的目标评估。

2. 目标执行

在目标执行模块，学生和辅导员根据学生的表现填写相关信息，如学生每听一次讲座，就在系统里做好记录；学生每获一次奖励，辅导员就在系统中做好登记，在目标执行过程中要加强纪律约束和监督管理。高校各年级、各专业所学课程层次不同，学生思想特点和心理特点也存在较大差异，低年级学生具有学习方法不适应、自制力差等特点，因而纪律约束显得更为重要，统一要求要相对多一些。比如，我们对一年级学生进行的调查表明，不在教室和图书馆自习的学生，大部分时间都是在从事非学习活动，因而期末考试常常不及格。为此，要加强纪律约束，对学习不努力的学生不断加以提醒和督促，保证其学习时间。

3. 目标评估

在目标评估模块，系统根据填写记录，给学生评出一定分数，并自动生成阶段性小结和学期评估报告。辅导员可以及时了解学生完成目标的情况，对目标进行阶段性检查，督促学生完成目标，评估目标的合理性和可行性，帮助学生对那些可行性差的目标及时进行调整或舍弃。在这里，要处理好定量评估与定性评估之间的关系：实行目标管理，注重定量评估，但并不是放弃定性评判，如学生思想觉悟的提高、道德理念的加强、行为习惯的形成，都不能单靠量化指标来衡量。另外，思想政治教育涉及面广，牵涉教学、科研、管理、服务等方面，受到任课教师、班主任、同学等多种因素的影响，需要社会各方面和学校、师生的通力协作。

4. 总结反馈

在总结反馈模块，辅导员根据系统打分和系统评估报告，把学生目标实现的效果与制定的目标进行比较，找出差距，分析原因，总结经验，从而为下一个目标周期管理奠定基础。根据评估结果和预先制定的奖惩制度，辅导员对学生的表现进行一定的奖励、惩罚，采取物质、精神等方式激励学生为完成更高的目标努力。

大学生思想政治教育目标管理系统的内容丰富、形式生动，它具有开放性、及时性、可量化等优势，建立使用这一现代化管理工具，势必是当前大学生思想政治教育工作的有益探索。

第三节　思想政治教育的特点和规律

一、思想政治教育的特点

（一）思想政治教育具有很强的渗透性

不论是实体性的思想政治教育（如上理论课、过党团组织生活等），还是寓它性的思想政治教育（如寓教于学、寓教于乐、寓教于管理等），都是一方面渗透着列宁所说的"经济建设的政治经验"，归根到底，是要教育人们"懂得怎样去建设社会主义"。另一方面，又必然要求结合着经济、业务、管理工作一道去做思想政治教育工作。否则，就是脱离实际，就是"空对空"，就是"两张皮"。这样的思想政治教育就没有实效性和生命力。在革命战争年代，党的思想政治教育固然也要求渗透到各项业务工作中去，但当时的中心任务是夺取政权，是阶级斗争，所以思想政治教育的直接性强，实体性的教育居多。而在社会主义现代化建设年代，由于经济建设、社会发展领域的广阔，思想政治教育需要推动各行各业的发展，对思想政治教育加强渗透性的要求更高了，除了实体性思想政治教育要紧密结合经济建设的实际才会有实效以外，大量的思想政治教育必须渗透到日常的经济、业务、社会生活和各项管理工作过程中去，渗透到专业课教学、社会实践和国民教育全过程中去。思想政治教育只有结合着经济业务工作一道做深做细，才能收到"随风潜入夜，润物细无声"的效果。思想政治教育只有贴近实际、贴近群众、贴近生活，才是有效的思想政治教育，我们要加强的正是这种有效的思想政治教育。唯物辩证法认为，世界万事都是相互联系的，社会主义现代化建设事业是一个有机整体，各行各业紧密相连，都通过自己的工作为实现社会主义现代化做贡献。思想政治教育也是这个有机整体的一个组成部分，它的职能是通过自己的工作为各行各业坚持社会主义方向提供思想保证，为各行各业完成建设任务提供精神动力，它的工作必然要紧密结合各行各业的工作，联系各个领域的实际，渗透到各行各业的业务工作过程中去，否则便无法为各行各业提供精神动力和方向保证。坚持思想政治教育的渗透性特点，也是新形势下思想政治教育实现科学化、增强艺术性的要求和体现。

（二）思想政治教育具有显著的民主性和主体性

社会主义市场经济体制的建立，政治文明的发展，科学技术革命日新月异，都促使人们民主意识增强，主体性觉醒。所谓主体性，是指人在认识和改造客观世界的对象性活动中所表现出的独立性、自主性、能动性和创造性。主体性是相对于客体性而言的。马克思说主体是人，也就是说只有人才可能有主体性、成为主体。但并非每一个人在任何时候都是主体，都有主体性。只有当他在认识和改造客观世界中，发挥了自主性、能动性、创造性时，他才真正成为主体，具有了主体性。思想政治教育的本质在一定意义上说在于"接受"，在于唤起对象的主体性，在于促进对象的自我教育。因此，没有接受和自我教育的思想政治教育，便不是真正的思想政治教育，因为它既不可能成为完整的思想政治教育过程，又不可能取得实效、达到思想政治教育目的。在新形势下，民主性、主体性成为思想政治教育突出的新特点。当然，民主性是相对于集中性、纪律性而言的，主体性是相对于客体性而言的，两者都是相辅相成、辩证统一的，都不应将其割裂、绝对化。过去，我们一度只讲集中、统一，只讲客体性、做"驯服工具"，这是片面的，教训十分深刻。现在，我们讲民主性、主体性，不能又走向另一种片面性。片面强调民主，不要纪律和集中，搞极端民主化，过分张扬主体性，走向单子式的主体性。要看到，离开客体性只讲主体性，是虚假的主体性，而离开主体间的互动，离开群体，孤立强调个人主体性，则是单子式的主体性。这就必然走向非理性，走向主体性的异化。可见，会当主体的人，也势必会当客体；当不好客体的人，也不会当好主体。个体主体性的发展是有限度的。不论在市场中，还是在网络里，也不论在思想政治教育活动中，还是在集体生活里，极端民主、单子式的主体性、个体主体性的过分张扬，只会走向事物的反面。然而，现代思想政治教育面对的是民主意识增强、主体性空前觉醒的对象，必然要求思想政治教育坚持以人为本，弘扬民主性、主体性不认识民主性特点，不建构主体性思想政治教育模式，便难以适应形势发展的要求。

坚持民主性、主体性特点，也是坚持以人为本、树立全面协调可持续的科学发展观的要求和体现。

二、思想政治教育的规律

规律是事物内在的本质关系，规律不能创造和改变，只能发现、把握、利用。但是，人们对规律的认识属于主观对客观的反映活动，而这种认识、反映活动是永无止境的探索过程。对新形势下思想政治教育新规律的揭示，也是对过去认识的一种深化或升华。

（一）主导性与多样性统一规律

在思想文化领域里，多元并存与一元主导是阶级社会意识形态存在和发展的普遍规律。面对并存的思想现象的多样性，思想政治教育总是以占统治地位的思想体系为指导的。在社会急剧变革时期，多元并存与一元主导的矛盾和冲突往往更为突出，冲突的焦点是指导思想多元化还是一元化的问题。思想道德领域的多元并存现象是一元主导的前提。它主要取决于经济基础，寓于深刻的阶级阶层利益之中。社会上有多少经济所有制、有多少个阶级阶层，便有多少种思想道德，而占主导地位、起主导作用的总是（也只能是）统治阶级的思想道德。思想现象存在的多元性与指导思想的一元性是不可分割、紧紧相连的。过去，我们一度视多元并存现象为思想禁区，采取不承认、不许提的鸵鸟政策。其实，假如没有多元并存，那么一元主导便失去了依据、前提和针对性，岂不是无的放矢和空穴来风。然而，如果没有一元主导，多元并存便将走向混乱、无序，甚至毁灭。其实，鼓吹指导思想多元化的人，并非不懂或不要指导思想一元化。"醉翁之意不在酒"，他们反对的只是以马克思主义、社会主义思想为指导，而企图以资产阶级思想的一元化指导取而代之。资本主义社会要掩盖其剥削阶级思想体系"一元主导"的实质，称它们的社会是代表全民利益的民主社会。马克思主义针对剥削阶级意识形态遮蔽这一虚伪性，认为真理就是要旗帜鲜明，公开承认马克思主义的阶级性、党性实质。在我国加入WTO，主动融入经济全球化，对外开放进入一个新阶段，国内以公有制为主体、多种经济所有制共同发展的新形势下，自觉坚持思想政治教育的主导性与多样性统一规律，任务更为艰巨，也更为重要。

自觉遵循和坚持思想政治教育的主导性与多样性统一规律，主要是要做好以下工作：

第一，要自觉坚持、巩固马克思主义在意识形态领域的指导地位。要把它作为加强和改进思想政治教育的根本来抓，要把它提高到共产党执政的根本规律的高度来认识。为此，必须重视党的理论建设，不断推进马克思主义基本原理与中国实际的结合，把与时俱进的理论创新作为保持党的先进性、增强创造力的首要任务和决定因素，通过理论创新带动体制创新、科技创新、管理创新及其他各方面的创新。当前要集中优势力量，搞好马克思主义基本理论研究与建设工程。

第二，要把马克思主义理论与思想政治教育学科作为一级学科来建设。马克思主义既然是我们党和国家的根本指导思想，我们又要重视发扬理论建设和思想理论教育的优良传统，那么就应当凭借执政党的地位，通过法定程序，把马克思主义理论与思想政治教育学科的研究和建设放到更加重要的位置上，做出制度性的安排，以保障实施，改变目前存在的淡化政治、把马克思主义思想政治教育边缘化的倾向。

第三，要大力提高党务、政工干部等领导干部的马克思主义理论素养。遵循、坚持主导性规律，党的领导是关键。要使我们各级领导岗位的领导权真正掌握在忠于马克思主义的人手里，就必须大力抓好领导干部的理论教育，切实提高各级党务领导干部、政工干部的马克思主义理论水平。抓理论学习关键又在于抓学风，坚持理论与实际结合，学用一致，用马克思主义武装头脑，而不是装潢门面、武装嘴巴，使干部做到真学、真懂、真信、真用，真正掌握马克思主义的立场、观点、方法，从根本上防止和克服干部队伍中存在的马克思主义理论荒疏现象。

第四，要重视并搞好大学生的思想理论教育。今后我国现代化建设的专门人才，要靠各级各类高等学校培养，党政军各级领导干部也将从具有大学学历的人中选拔。大学生的思想政治素质如何，的确关系到党和国家的前途和命运。不让西方敌对势力"西化""分化"我国的图谋得逞，就必须高度重视大学生的思想教育、理论教育，提高他们在东西方思想文化相互激荡中的鉴别能力、选择能力，使他们不当资本主义的俘虏，而是把马克思主义中国化不断向前推进。

第五，要弘扬主旋律，提倡多样化。在思想文化领域，要正确对待和处理继承与发展、借鉴与创新的问题。集体主义、爱国主义、社会主义的思想，始终是思想文化战线应当高扬的主旋律。但在教育、宣传中又应当提倡运用生动活泼、多种多样的形式去表现科学的思想内容，切忌千篇一律、一个模式。不同性质的思想，都应该依照法律允许其存在和表现。真善美的东西总是在同假恶丑的东西相比较而存在、相斗争而发展的。现在的问题是要发行《参考消息》，有意识地让人们接触一些国外的、西方的思想观点，随着对外开放的扩大，西方思想文化大量涌入，人们目不暇接。常常是泥沙俱下，鱼龙混杂，好坏不分。马克思主义与非马克思主义甚至反马克思主义的东西，界限不清。要遵循客观规律，做到主导性与多样性的统一，就必须通过理论联系实际的教育，辨析各种社会思潮，引导人们分清马克思主义与非马克思主义、反马克思主义的界限，而不应当让错误思想自由泛滥。

在继承中华民族的优秀传统文化中，要处理好继承与发展的关系，做到"古为今用"。我们民族的优秀传统文化、传统美德，毫无疑问，都应当加强研究，好好继承、发扬。但要有批判地继承，取其精华，去其糟粕，古为今用，推陈出新。要反对和防止借口说马克思主义是国外传入的，说它是"舶来品"，因而主张以"新儒学"作为我们的指导思想的错误倾向。

对国外的一切有益的思想文化，都应当努力汲取、借鉴。但要处理好借鉴和创新的关系，做到"洋为中用"。资本主义社会创造的思想文化，不仅较之封建社会具有历史进步性，而且其中许多反映工业文明和社会化大生产客观规律的东西，尤其值得后发国家汲取、借鉴，以少走弯路。然而，这种借鉴也必须在马克思主义指导下，批判地借鉴，并结合中国的实际情况，创造性地恰当运用，而不应不加分析地全盘吸收。更要反对以西方哲学和政治学说作为我们指导思想的"全盘西化"的错误主张。

（二）社会化规律

思想政治教育社会化规律是指思想政治教育既要适应社会发展的要求，又要在主体的共同参与下推动社会的改造和发展，与社会发展趋势保持一致的客观要求。思想政治教育社会化具有全员化、生活化、大众化、动态化等特点。

遵循和坚持思想政治教育社会化规律意义重大。一是可以避免和克服思想政治教育孤立化倾向。事实上，思想政治教育不仅是政工干部的职责，而且是人的存在和发展的重要方式，应当全员参与、齐抓共管，孤军奋战则不可能做好。二是可以避免和克服思想政治教育的封闭、僵化倾向，使其回归社会，回归生活。这样，不仅能防止和克服思想政治教育与各项业务工作"两张皮"、脱离实际的弊端，而且使思想政治教育资源开发有了源头活水，永不枯竭。三是可以使思想政治教育主体转变思想观念和工作模式，在社会实践和交往活动中接触不同的社会思潮，经风雨、见世面，增强判断、选择能力，促进知行合一，适应社会发展变化的需要。在经济全球化和社会信息化的时代，遵循和坚持思想政治教育社会化规律，要在两条社会化路线上全面贯彻。

第一，由外及内的思想政治教育社会化路线。按照唯物史观的基本原理，社会意识被社会存在所决定又为其服务。思想政治教育当然也是这样，它为社会存在所决定和制约，又为社会存在服务。因此，它必须与社会发展趋势相一致，以社会发展进步要求为根本导向，不断调整思想政治教育的目标与行动，并引导共同参与思想政治教育活动的主体适应社会要求，加速自身社会化进程。为此，思想政治教育要引导各个主体深入沸腾的社会经济、政治、文化生活，充分发掘社会生活中丰富的思想政治教育资源，自觉、深刻体验社会进步发展趋势和要求。努力做到思想政治教育全员化，齐抓共管，协调社会各种影响，接受社会检验，渗透到国民教育和社会生活的全过程中。

第二，由内及外的思想政治教育社会化路线。参与思想政治教育活动的各个个体，绝不是对社会要求单方面的消极适应。由内及外的社会化路线强调各个个体充分发挥主体性，在共同参与中通过各个主体间的交往活动，不仅相互促进，更好地完成社会化，优化思想政治教育模式和过程，增强思想政治教育实效性，而且辐射到外部环境，促进社会的改造、进步和发展。

思想政治教育社会化的两条路线，深刻地体现了人的思想源于社会又作用于社会的辩证法。只有在这两条路线双向互动的作用下，才能达到人的全面发展与社会全面进步的统一。

（三）主体间多向互动规律

思想政治教育主体间多向互动规律，是指思想政治教育成效如何，主要取决于主体参与思想政治教育活动的广度和各个主体之间多向交往互动的深度。

思想政治教育主体间多向互动规律的深刻性、科学性主要在于：一是强调主体性，有别于传统教育观念、模式单纯把受教育者看作客体；二是强调多向性，较之过去只看到教育者和受教育者的双向互动又大大前进了，揭示了所有参与思想政治教育活动的相关主体的多向互动，更加符合恩格斯的"历史合力论"原理；三是强调平等性，参与思想政治教育活动多向互动的人，不论是教育者还是受教育者，都是民主平等的关系，揭示了建设社会主义政治文明和社会信息化浪潮背景下教育的特点和要求；四是强调活动性，思想政治教育是活动，主体间多向互动也是活动，思想政治教育就是共同参与的主体间多向互动的自我构建活动，有别于传统观念只把思想政治教育看作知识的传授和观念的灌输。

遵循和坚持思想政治教育主体间多向互动规律，主要应从以下三个方面努力：

第一，树立活动意识，开发活动资源。唯物史观认为，人们认识世界、改造世界的活动，是人类存在和发展的方式，人们在认识和改造客观世界的活动中，也改造着主观世界和主观与客观的关系。据此，包若维奇提出的"活动－动机"理论、列昂节夫提出的"活动－个性"理论，都从不同角度阐明了活动对于人的思想品德形成发展的决定性作用。我们的思想政治教育主体，应当牢固树立活动意识，把以知识、学科为本位，转变为以人的成长和全面发展为本位，把停留在单向灌输的认识活动，转变为全面开展的认识活动、交往活动和各种实践活动，把只注意教育者的单方面活动，转变为受教育者积极参与的共同活动，把单纯传授结论的灌输式教育，转变为在活动中获得体验，从而自己得出结论的体验式教育。为此，就要千方百计开发思想政治教育活动资源，精心选择活动内容，循序渐进组织开展各种思想政治教育活动。就学校教育而言，不仅要搞好第一课堂教学，在其中渗透思想政治教育，解决好学生成长、发展中的共性问题，而且要把第二课堂列入学校整体发展规划和工作计划，作为第一课堂的延伸，主要应通过各种交往活动、实践活动，努力满足学生成长中个性、兴趣、爱好、品德发展的需求。这也是用科学发展观指导思想政治教育的要求和体现。

第二，发展主体间的平等交往。包含两个方面：一方面是发展教育者与受教育者间民主平等的互动交往，师生是朋友、同志式的平等关系，教育者实质上是促进者；另一方面，要发展受教育者之间的互动交往。马卡连柯关于通过集体教育每个成员的思想，柯尔伯格关于"公正团体"的试验，实际上都揭示了同龄伙伴群体的交往互动关系对形成每个成员品德的重要作用。集体的风气、舆论，伙伴群体不成文的行为规则和从众心理，都会对每个成员品德的形成、发展产生重大影响。所以，教育者不仅要广泛发动和吸引受教育者共同参与到思想政治教育活动中来，而且要引导各个成员充分发挥主体性，在交往互动中形成良好的舆论氛围、集体形象，反过来又熏陶、感染、激励每个成员发展自己的良好品德行为，并逐渐形成习惯。

第三，建构主体性育德模式。现代思想政治教育的目标和任务，在一定意义上说，就是要培养社会生活的主体、具有人文关怀的现实主体。为此，就必须建构主体性思想政治教育模式或主体性育德模式。首先，要转变观念，改革教育方法。克服传统思想政治教育中存在的一些片面观念，如重教育者主体、轻受教育者主体，重思想政治教育的社会价值、轻个体价值，重为社会服务的工具价值、轻完善个性人格和为人的全面发展服务的目的价值等。树立现代思想政治教育的新观念，以民主平等的主体间关系和多向互动为基础，改革思想政治教育的方法，既要尊重教育者的主体地位和主体性，充分发挥教育者的主导作用，更要尊重受教育者的主体地位、发挥受教育者的主体性，变单向灌输为多向交流，变注重权力因素影响力为注重非权力因素影响力，变重视结论传授为注重良好习惯的养成教育，变封闭式育德为开放式育德，大力提倡和更多地运用互动式、体验式、咨询式、渗透式等新的途径和方法，加强实践环节，以便更多地创设和利用教育情境，有效地激发、提升受教育者接受教育影响的需要和动机，使受教育者的主体作用得到充分发挥。其次，尊重受教育者的成长需要，强化接受的动力机制。在正常的思想政治教育条件下，教育内容能在多大程度上被转化到接受主体的思想品德结构中，取决于思想政治教育的接受机制，特别是取决于主体接受活动的动力系统。因此，主体性育德模式应以强化接受机制为核心，努力做到教育要求与对象自身需要紧密结合，在保证思想政治教育的社会适应性的同时，更加重视对象的个体适应性，更多地研究和关注对象自身成长的内在需要。只有充分尊重对象的合理需要，才能强化其接受的动力系统，逐步提高需要层次，激活接受机制，使教育要求为对象所理解和吸纳，实现他律向自律的转化。最后，围绕培养、开发对象主体性的目标，促进其个性人格的完善。培养、开发对象的主体性，要在尊重对象的主体地位的基础上，增强对象的主体意识，使他们明确全面发展和健康成才是他们的根本利益，从而努力为现实自我向理想自我迈进而自觉奋斗。同时，要把培养对象的主体能力作为思想政治教育的根本任务和核心目标。培养主体能力是指培养主体完成某种思想政治品德活动所必需的品德判断能力、选择能力和行为能力。受教育者只有具有良好的主体能力，才能适应未来社会经济、政治、文化等的复杂变化，成长为"四有"新人，不断完善自己的人格，成为社会生活的主体。

第四节　思想政治教育的实践性及当代价值

一、思想政治教育实践性的内涵

马克思在《关于费尔巴哈的提纲》中强调："全部社会生活在本质上是实践的。"马克思所说的全部社会生活，是指人类不断进行的各种社会实践活动的总和，包括整个社会物质的和精神的活动。这一论述，第一次科学地揭示了社会和人的本质。在思想政治教育过程中深刻理解并体现这一本质，则是增强思想政治教育实践性的关键。

思想政治教育本身是一项富有实践性的对象性活动，是既改造主观世界又变革客观现实的活动。思想政治教育是以人为对象的活动，而人则是现实的、具体的。人作为实践的主体，是客观存在的，主要表现在：一是人有自己的物质力量——身体的力量，使人能够从事实践活动；二是人有自己的内在力量——精神的力量，使人能够有意识地进行社会实践，因而人是身体力量和精神力量的统一体。不能把人的身体与人的精神、人的实践行为与人的实践观念割裂开来认识人。首先，人的身体力量和精神力量不是凭空产生的，而是在社会实践过程中，由一定社会的经济、政治、文化等客观条件所决定而形成的。其次，人都要担任实际工作，都有自己的生活实际和所处的客观环境，人的思想虽然是一种主观形态的东西，但它产生的基础、发展的动力，只能是实践活动和客观实际。因此，从人的实际出发进行思想政治教育，必须分析人的思想与行为形成、发展、变化的实践基础和客观原因，决不能脱离人的实践活动和客观条件，空洞猜测和空对空地进行思想政治教育。最后，思想政治教育具有塑造、改造人的思想，开发人的潜能，改变人的行为的功能，培养良好的行为习惯，就是改变对象的活动，是主观见之于客观的活动，是特殊的能动性。

思想政治教育是人们为了更好地认识和改造客观世界与主观世界，有目的地进行的一项以提高认识水平和改造世界能力的活动。思想政治教育的内容既包括源于实践的理论内容，也包括社会生活的实际内容；学习、运用理论内容，既是为了提高对客观世界的认识水平，更是为了指导实践；在教育过程中，既要坚持教育者与教育对象的互动与共进，更要坚持理论联系实际的原则；随着社会实践的发展，思想政治教育既要研究以新的理论为指导解决实际问题，又要根据新的实践要求探索新经验，创造新内容与新方式。思想政治教育的所有这些要素、环节、过程，都蕴含着实践性，即直接与实践相联系并最终以实践为基础。因而，实践性是思想政治教育的本质特性。思想政治教育的实践性，就是思想政治教育的现实性和思想政治教育价值实现的实效性，在社会生活中表现为与其他实践活动的结合与渗透，它是思想政治教育显著的本质属性。

二、思想政治教育实践性的发挥

在当代社会，发挥思想政治教育的实践性非常重要。

一是社会实践发展既多样又快速，不但在现实社会空间的实践向前发展，而且在网络领域的虚拟实践也迅速展开；不但传统的实践方式不断更新，而且现代实践方式也不断涌现。各种实践活动，提供许多新情况，提出许多新问题，需要思想政治教育者去研究、认识和解决。无视和回避当代社会的现实，脱离实际地开展思想政治教育，既脱离时代，又脱离群众。

二是人们的认识能力、思想水平要随实践的发展而提高。不可否认，思想政治教育要强调理论学习、自我修养，提高自身思想道德素质，但理论学习、自我修养、提高自身思想道德素质并不是思想政治教育的最终目的，最终目的还是要把理论运用于实践，推进实践发展，创造社会财富。所谓用进废退，讲的是一条朴实而有用的道理。理论不用则废，教育不实则退。因此，当今实践的不断发展，不仅给人们思维提供了越来越广阔的空间，也提出了越来越多需要解决的难题，人们的思想只能在实践所赋予的机遇与挑战的矛盾中发展。发挥思想政治教育的实践性，至少可以从以下两个方面考虑：

一方面，要把社会和人发展的实际需要作为思想政治教育的出发点，把促进社会和人的发展作为思想政治教育的目的，把思想政治教育的认识成果付诸实践。以人为对象的思想政治教育，是随着人类社会的发展而不断发展的。在人类社会早期，因为人类差不多完全受着同他异己地对立着的、不可理解的外部大自然的支配。人类主要活动是维持生存，以人为对象的教育活动处于萌动状态。随着人类改造自然与社会实践活动的发展，人的主观能动性增强，分化出教育，包括思想政治教育，进行传承文化、发展智能、孕育道德的活动。由于古代社会生产力水平低下，加上阶级压迫和剥削，绝大多数人没有条件接受专门教育，只能主要从事对自然界的改造，人的发展受到抑制。随着社会的发展，人的主体性不断增强，在人与客观对象的关系中，人越来越具有主导作用。

在当代社会条件下，经济的发展主要依靠知识，知识的发展依靠人才，人才的成长依靠教育，教育主要通过开发人的智能与精神潜能来改变人、提高人，这是当代社会与人的发展的逻辑关系，是普遍存在的事实。因此，当代社会需要人的主体性充分发展和人的能动性最大限度地发挥。思想政治教育就是要用富有时代特征的先进精神文化，用人类的优秀文化塑造人、开发人、发掘人的内在潜能，增强人的主体性。

另一方面，以思想政治教育的实践性深化对教育的理解。首先，教育要从实际出发。以当前社会的实际、教育对象主体的实际为基本出发点，面向实际提高思想认识，并立足于推进实践发展，在实践中检验思想认识的正确性。脱离现实的实践，思想塑造、改造、提高就会失去基础与动力，就不会有思想的解放、思想的飞跃和创造精神的形成。其次，教育要符合客观规律。这个客观规律既包括社会发展的客观规律，也包括人的发展的客观规律。思想政治教育要取得实效，就必须遵循这两种规律，根据实践的发展趋势、规律来不断更新教育的理念、调整教育的策略。忽视和否定实践性，思想政治教育活动就会成为形式甚至陷于教条主义，不会有针对性与实效性，只会浪费资源并损害思想政治教育的形象。

三、思想政治教育的当代价值形态

（一）思想政治教育的经济价值

首先，从经济基础与上层建筑的关系上来看，生产力属于经济基础的范畴，而思想政治教育则属于上层建筑的范畴。经济基础决定上层建筑，上层建筑又反作用于经济基础。这是因为在生产力中最活跃的因素就是劳动者，劳动者是指有一定体力和智力以及一定思想意识的人，这是推动生产力发展的决定因素。而思想政治教育的目的在于提高劳动者的思想道德和心理素质，用调动他们劳动的创造性、积极性的办法服务于经济基础。其次，从物质文明与精神文明的关系上来看，经济活动属于物质文明，思想政治教育是精神文明的范畴，是精神文明建设的基本途径和方法之一。思想政治教育正是通过提高人的思想认识，培养责任心和意志力等方法，开掘人的潜能，为物质文明提供了精神动力和智力支持。

如今，随着市场经济在我国的迅猛发展，有些人认为思想政治教育已经不能再为经济发展服务了，因为利益与利润的驱使会激发和调动劳动者更大的生产积极性和创造性，会带来更多的精神动力和智力支持。这种观点显然是错误的。由于人是经济的主体，作为具有思想意识的人，他们的经济行为、经济生活总要受到一定思想意识的支配。在现代条件下，思想政治教育不仅激发人们的主体意识、竞争意识，还帮助人们确立效益观念、时间观念、科技意识，从而形成一定的经济文化、经济道德和经济思想，即一定的社会意识形态，以此影响整个社会的经济行为的价值取向，从而保证社会主义市场经济健康有序地发展。同时，人们如果只顾经济利益，抛弃了自我意识追求反思意义的需要，也就抛弃了人类存在的最高价值，那么他们只得被囿于现实世界，而与精神世界隔绝。这就是有的人在物质生活水平提高了的情况下，还觉得自己"贫穷"的原因。物质上的满足永远填补不了精神上的饥饿。

（二）思想政治教育的政治价值

思想政治教育的政治价值在思想政治教育的诸种价值中居于首要地位。

原因有以下两点：

首先，思想政治教育是一定阶级或政治集团，为了实现其政治目标和任务而进行的，也就是说思想政治教育是为政治斗争而服务的。在经济利益上占统治地位的阶级，为了维护本阶级的统治，也必然要建立反映其经济利益和政治利益的思想理论，并进行强有力的思想政治教育，通过思想政治教育来控制思想上层建筑，维护社会政治稳定，发展安定统一的政治局面。

其次，思想政治教育正是建设社会主义政治文明的有力保证。现在我国奋斗的目标是建立社会主义现代化国家，但是社会主义现代化不是一个孤立的单纯经济范畴，而是一个包括经济、政治、社会、文化以及人自身的现代化在内的庞大系统工程。所以完善的现代化建设，应当是以经济建设、民主政治建设和精神文明建设协调发展的。思想政治教育是建设社会主义政治文明的有效途径之一。思想政治教育是以政治思想教育为核心与重点的，所谓政治思想教育，就是教育者通过教育活动，把社会所提倡的主导政治思想转化为受教育者个体的政治品德，也就是要使受教育者形成社会所需要的政治品德和政治行为。这是推进社会主义民主进程，保证最广大人民当家做主，完成社会主义政治文明建设目标的有力保证。

（三）思想政治教育的文化价值

文化有广义和狭义之分。从广义来说，指人类社会历史实践过程中所创造的物质财富和精神财富的总和。从狭义上来说，指社会的意识形态，即观念形态的文化。思想政治教育实际上就是一种文化传播与渗透。在阶级社会中，统治阶级的意识形态是主流文化得到广泛的传播与渗透，从而影响和统辖被统治阶级意识形态。

当前思想政治教育的主旋律就是要大力弘扬社会主义、爱国主义和集体主义思想，抵制一些与社会主流文化相悖的亚文化入侵，保护社会主流文化的阵地，并将社会主流文化渗透到各种亚文化中，引导其发展方向，调解社会文化冲突，创建良好的文化、文化吸收、文化融合氛围，进而为促进社会主义文化的发展服务。

第二章　大学生思想政治教育的方法

第一节　大学生思想政治教育方法的一般理论

一、大学生思想政治教育方法的科学内涵

（一）大学生思想政治教育方法的含义

大学生思想政治教育方法是大学生思想政治教育者在大学生思想政治教育的过程中，为了实现教育目标，传递教育内容，使教育对象形成正确的思想观念和良好的道德品质所采取的各种手段和方式的总和。

大学生思想政治教育方法包括两个方面的内容：思想方法（认识方法）、工作方法（实践方法）。在大学生思想政治教育中，人们在认识教育对象时所采取的手段和方式就叫作思想方法。思想方法有诸如用发展的、联系的、全面的观点看问题，具体问题具体分析，从抽象到具体，分析与综合等方法。例如，我们学习和掌握马克思主义思想方法，最根本的就是要认真学习马克思主义哲学。马克思主义哲学既是世界观又是方法论，是认识、评价、改造事物的方法，是思想方法。在人们的思想方面，实事求是和主观主义是对立的。思想方法不同，对理论的理解不同，对形势和任务的认识不同，解决问题的思路不同，所以实践的结果也不同。因此，科学的思想方法是人们实现正确认识，把握事物的本质和规律性，提高思维能力所必不可少的。大学生思想政治教育工作者作为主导者，如何使用正确的思想方法来引导教育对象，是至关重要的。工作方法是指人们在实施大学生思想政治教育的过程中所采取的手段和方式，例如调查研究方法等。科学的思想方法和工作方法是密切联系的。科学的思想方法是前提和基础，为工作方法提供理论依据。科学的工作方法能够帮助大学生正确认识事物发展的客观规律，并且按照这些规律完成规定的任务。可以说，科学的工作方法将党的路线、方针、政策转化为群众实践的桥梁。

大学生思想政治教育方法包括两个层次：一般方法原理和具体方法应用。一般方法原理是对大学生思想政治教育方法的宏观把握和总体概括，相对抽象和笼统。大学生思想政治教育的一般规律通过方法体现出来，大学生思想政治教育方法的一般作用机制也因此得

以体现。大学生思想政治教育的方法原理同时包含概括了其应用的教育方法及一般原则。具体方法应用是大学生思想政治教育方法的微观认知和特殊表现，针对性和操作性较强，它反映了大学生思想政治教育的具体规律，体现了大学生思想政治教育方法的作用机制，同时突出指明大学生思想政治方法的适应范围，指出大学生思想政治教育方法的应用条件。大学生思想政治教育的一般方法原理与具体方法应用是相互贯通的。一般方法原理是具体方法应用的逻辑前提；具体方法应用若脱离一般方法原理，就会陷于随意性和盲目性，难以保证其科学性。具体方法应用是一般方法原理的体现和展开，一般方法原理若不转化成具体方法应用，就是游离于实践之上的空洞方法说教，难以显现实践效果。大学生思想政治教育方法受到大学生思想政治教育过程的影响，二者之间是相互关联的关系。大学生思想政治教育的过程包括思想信息的获取与分析以及大学生思想政治教育的决策与实施环节，每一个环节都离不开大学生思想政治教育方法的运用。按照大学生思想政治教育过程的环节展开顺序，创造性地将思想信息的获取和分析方法运用其中，并将思想政治教育的决策方法和实施方法融会贯通，对大学生思想政治教育结果的评估方法进行恰当使用，便反映了这些方法之间及其与大学生思想政治教育过程的有机关联。

将大学生思想政治教育的思想方法与工作方法密切联系，一般方法原理与具体方法应用相互贯通，大学生思想政治教育方法与大学生思想政治教育过程有机关联，进行贯通研究，形成方法体系，就突破了对大学生思想政治教育方法的罗列性论述，使之成为大学生思想政治教育方法论，即由"论方法"上升为"方法论"。

（二）大学生思想政治教育方法的特点

大学生思想政治教育方法作为社会科学方法论体系的一部分，它具有与其他方法的共性特征，又具有自身独特的个性。这种共性与个性的交会，便彰显出大学生思想政治教育方法的特点，主要表现如下：

1. 合目的性

大学生思想政治教育要反映大学生思想政治教育中最基础、最本质的愿望和要求，要体现一定社会发展的目标。目的是大学生思想政治教育的出发点，也是最终归宿，对大学生进行思想政治教育，就是要不断提高他们认识世界和改造世界的能力，就是要求大学生思想政治教育对象获得政治方向的正确引导和道德品质的全面提高。大学生思想政治教育方法必须为大学生思想政治教育的目的服务。该方法如果能取得良好的教育效果，达到教育目的，就会得到肯定，并加以传承与完善；反之，若不能取得良好的教育效果，未实现教育目的，就会被否认、舍弃。

大学生思想政治教育方法的合目的性，是指大学生思想政治教育的任务目标与具体内容必须与社会发展和个体发展的正确方向相一致。合目的性要求大学生思想政治教育的任务目标与具体内容，必须建立在促进社会发展和个体发展辩证统一的基础上。只代表了社会发展的正确方向，而不利于促进个体的全面发展；或者只代表了个体发展的意愿，而不适合社会发展的方向，这样的大学生思想政治教育任务目标或具体内容，在一定意义上都是不符合目的性的。大学生思想政治教育的目的与要求会随着人类社会的思想道德要求的提高而不断发展，因此，大学生思想政治教育方法也必然会不断变化。

2. 合规律性

大学生思想政治教育方法取得成功的前提，是方法符合教育对象思想道德认识形成、发展、转化的规律和大学生思想政治教育规律。任何学科都是建立在对规律的把握基础之上，大学生思想政治教育也不例外。大学生思想政治教育方法的合规律性，就是其"合理性"，是指教育方法必须符合社会发展的基本规律，特别是要符合教育内容、符合教育对象个体成长与思想发展的基本规律。例如，因材施教之所以有效，是因为其符合教育内容一定要适应教育对象思想实际的规律；循序渐进方法体现了教育对象思想道德认识形成、发展、转化中所蕴含的量变质变规律。那些无效的或不当的大学生思想政治教育方法，是由不符合客观规律所致的。例如单向灌输法，由于违背了大学生思想政治教育效果取决于教育者和受教育者双方共同努力的规律，其在实践中难以有效发挥作用。基于我国现代社会的发展，大学生思想政治教育方法的合规律性，从根本上说，就是要看方法是否符合科学发展观的要求。

3. 工具性

方法是工具，方法是手段，方法是过河的船和桥。这些观点早已深入人心。任何方法都是人们在认识世界和改造世界的过程中，为达到预期目的所采取的手段和方式，是实现主客体之间双向交流和沟通的渠道，所以方法具有工具性。从实践的观点来说，方法是最重要的实践工具。人的任何实践活动，都必须凭借相应的方法才能得以完成，方法对了，往往事半功倍；方法不对，往往事倍功半，甚至一事无成。从认识论来说，方法又是理论与实践的中介，既有主观性的一面，又有客观性的一面，既受客观规律的制约，又是客观规律的体现。方法作为一种工具，作用于人们处理实践活动面临的问题中，帮助人们实现目标与目的。

大学生思想政治教育方法和一般方法一样，也具有工具性。大学生思想政治教育方法是联结教育者和教育对象的纽带和桥梁。教育者与教育对象通过方法这个中介，构成一个有机整体，并且相互依存，在一定条件下能够相互转化。另外，教育者与受教育者也是通过方法这一工具，形成相互影响、相互作用的互动过程，在大学生思想政治教育过程中发挥着各自的主体性作用。

方法的运用必须凭借一定的工具，正是这种工具性本质，使得大学生思想政治教育方法具有应用性与可操作性。方法的应用性、可操作性越强，方法的工具性本质越能得到充分、丰富的发展与运用，越能使科学的理论成功转化成有效的方法。反之，当理论不能成功转化为方法时，理论只能是一种概念化的存在。大学生思想政治教育方法成功地从科学的理论转化而来，进一步证明了大学生思想政治教育的真理性、科学性，以及教育者运用方法的可能性；若理论不能转化为方法，或者教育者缺乏将理论转化为方法的能力，大学生思想政治教育就不能产生客观实际的效果，方法就没有获得工具性实质。

大学生思想政治教育方法作为一门工具，包括物质性工具和精神性工具两个方面。例如，我们可以通过放映具有爱国主义精神的影视片，或举行升旗仪式，或参观祖国的风景名胜等进行爱国主义教育，这些影视片、升旗仪式和风景名胜就是作为物质性工具来达到教育目的的。另外，教育者在方法的使用中所运用的语言、逻辑、范式等就属于精神性工具。这两种工具都增强了大学生思想政治教育方法的可操作性，提高了方法的有效性，帮助大学生思想政治教育目的顺利完成。

二、大学生思想政治教育方法的理论来源

（一）中国共产党思想政治教育方法的继承

1. 坚持党的领导，充分发挥党的政治组织优势

在当前，坚持党的领导，不断发挥党的政治组织优势，是坚持高等学校社会主义办学方向的根本，同时也是加强和改进思想政治教育的关键。坚持以党建为核心推进思想政治教育，是我国思想政治教育的独特优势，同时也是我国思想政治教育的基本经验。

自 20 世纪 50 年代以来，党建工作一直在高校处于十分重要的地位。高校的各级党组织和党员在思想政治教育中发挥了独特的影响和作用。改革开放以来，高等学校的党建工作面临着许多新情况。改革开放和社会主义市场经济的发展，社会生活和思想观念的深刻变化，以及国际局势的变幻，给高校党组织和党员带来了种种影响，对党的建设也提出了新的课题和更高的要求。为此，高校在学生思想政治工作中坚持以党建为核心，在学生党

建中坚持以思想建设为核心，在思想建设中坚持以理想信念为核心，不断加强学生党建工作。在 21 世纪新阶段，面对经济全球化和价值多元化的冲击，高校更以"两学一做"学习教育为契机，不断增强在高校学生中发展党员的紧迫感和责任感；以支部建设为根本，形成支部建设推动党员发展的长效工作机制；以增强党员先进性为重点，全面提高党员的素质，加大在学生中发展党员的力度，努力实现学校党建工作的新突破。

2. 充分发挥创新精神

20 世纪 50 年代以后我国的思想政治教育工作，一度曾以堵和压制的办法来对待人们思想上的困惑和疑虑，并在"文革"中演变成为整人的工具。这些办法在改革开放后得到根本扭转。思想政治教育工作强调要充分发扬民主，广开言路，平等待人，实行疏导的工作方针，因势利导，以理服人。思想政治教育的形象大为改观，教育者和受教育者的关系得到矫正，思想政治教育发挥关心人、理解人、支持人的作用，在工作中收到了越来越明显的效果。在新时期，针对信息社会的发展和网络的普及，大学普遍建立了一些思想政治教育的"红色网站"，不断加强网络引导和网上思想政治教育。除此之外，思想政治教育的教育模式、体制、内容、方法、载体等也在随着时代的发展而不断进行改革变化。

3. 围绕党和国家的中心来开展思想政治教育工作

我国思想政治教育工作的一个重要的基本经验就是，坚持围绕中心工作开展思想政治教育活动。思想政治教育工作在多个方面发挥着极为重要的作用，不仅帮助国家培养了许多高素质的人才，还推进我国高等教育不断改革、不断发展，维护了学校的稳定和社会的稳定。思想政治教育必须与国家和社会的需要及中心工作紧密结合，才能有广阔的空间和舞台。可以说，自中华人民共和国成立以来，我国的思想政治教育在每一个重要历史时期，都紧紧围绕中心工作，服从和服务于中心工作，通过一系列扎扎实实的工作，推动了社会进步，促进了高校发展，在培养人才、服务建设和改革方面做了突出的贡献。

在社会主义改造时期，新中国面临着建立新政权和维护社会政治稳定的难题，高等教育也百废待兴。思想政治教育工作紧密围绕中心工作，创造性地建立起新的学校思想政治教育工作体系，配合党和国家的工作方针，积极开展社会政治运动，使大学生在思想政治方面经受了考验，锻炼了才干。在十年社会主义建设时期，思想政治教育工作与火热的社会生活紧密相连，大学生通过参加生产劳动、投入社会实践、接受社会教育等，直接参与到党和国家所确立的中心工作的伟大实践中，成为又红又专的人才，其中许多人成为社会的栋梁。"文革"十年强调"以阶级斗争为纲"，思想政治教育畸形地服从于这个中心，给党和国家带来了巨大的危害。这个时期的思想政治教育受制于整个政治斗争的需要，是一种极端不正常的状态，其教训应该认真吸取。

改革开放以后，我国的工作重心从"以阶级斗争为纲"转到以经济建设为中心上来，整个社会生活步入正轨。这个历史性的转变要求思想政治教育工作也迅速地进行相应的转变。它使思想政治教育工作逐步以培养人才为中心，由凌驾型变为服务型，即由过去政治工作可以冲击一切，政治工作可以冲击业务工作转变为思想政治教育工作必须服从服务于经济建设这个中心工作，必须服从服务于高等教育的改革和发展以及人才培养等高校的中心工作。具体来说，这个转轨和转型要求思想政治工作在服务经济建设中凸显自己的价值，为经济建设培养社会所需要的人才，还要求在学校教育层面，使思想政治教育服从服务于学校的中心工作，服务于人才培养、科学研究等中心工作，使思想政治教育与学校的中心工作密切配合，把思想政治教育渗透于教学、科研等人才培养的各个环节中。

加强和改进思想政治教育工作，归根结底是为社会主义经济基础服务的。只有在经济建设中贯穿思想政治教育，解决现实问题，才能实现思想政治教育的价值。对于高等学校而言，人才培养、科学研究和社会服务等是其中心工作，思想政治教育工作必须紧密围绕这些工作尤其是人才培养这个中心开展，才能体现其独特价值。在具体的思想政治教育实践中，高等学校密切结合各校的实际，结合每一代大学生的思想实际，努力通过各种途径和渠道，不断拓展大学生的思想道德素质，不断增强大学生的全面素质，使思想政治教育为其成长成才服务。思想政治教育通过社会实践、文体活动、校园文化建设、就业指导、心理咨询等多种手段，围绕人才素质结构的方方面面下功夫，始终抓住人才培养的中心工作不放松，在培养人才中找准定位、全程育人、实现价值。

（二）对西方思想政治教育方法的借鉴

1.道德认知方法论

道德认知方法论是以道德认知发展理论为基础建构的方法体系。一是道德讨论法。通过引导学生讨论道德的两难问题，进而引发认知的冲突，促进道德思维的碰撞，最终实现道德判断发展。二是公正团体法。这个方法强调的是民主管理的教育作用，重视团队的教育力量。

2.价值澄清方法论

价值澄清方法论，重视现实生活，是针对西方无所适从的道德教育实际提出来的，具有可操作性和时效性，因而受到人们的欢迎，在西方各国传播很快，对西方现代道德教育影响较大。

3. 社会学习法

社会学习法是以社会学习理论为基础的一种道德教育方法体系。一是榜样法。榜样的力量是无穷的，道德教育的重要手段就是榜样示范。二是强化法。其通过对不良行为的惩罚，以及对良好行为的奖励，使人们产生行为上的约束与改进。

4. 政治社会化技术

政治社会化不仅有可能使国家自身的合法性权威得到普遍的承认和接受，而且还可能降低社会统治成本而有利于社会稳定。

第二节　大学生思想政治教育的具体方法

一、大学生思想政治教育的基本方法

在整个思想政治教育活动过程中，一些基本方法对于活动的开展发挥了很重要的作用。在传统的思想政治教育领域，理论教育法和实践教育法是两种最基本的方法。即使到了现在，高校为了提高思想政治教育的实效性，开拓出一些新的方法，但传统的理论教育法和实践教育法依然是思想政治教育方法的核心，其余的方法都是在这个基础上衍生得来的。因而，重视理论教育法和实践教育法是必然的要求。

（一）理论教育法

通常而言，理论教育法还有两个别的名称，即理论灌输法和理论学习法，是教育者有目的、有计划地向教育对象系统传授思想、政治、道德等理论知识，使他们能够逐步形成科学的世界观、人生观、价值观和道德观的教育方法。运用理论教育法，最重要的就是让教育对象（在高校主要是大学生）树立科学的、正确的理论，能够让教育对象在马克思主义的正确指引下，对于党的路线方针政策有一个全面的了解，从而使个人的思想不断充实、不断提高。理论教育法主要有以下四种：

1. 理论学习法

理论学习法主要是了解、掌握并运用马克思主义的原理和观点，理论学习是阅读文字的一种主要方式，主要是通过阅读书籍、报刊、网络文本进行的。读书活动是引导人们自己学习、思考、运用的一种自我教育方式。在思想政治教育方面，读书的内容是很多的，有政治理论、历史知识、法律知识、伦理道德、人生修养等，这些内容要同思想实际、工作实际相结合。

2. 讲授讲解法

讲授也叫讲解，是高校思想政治教育工作者通过讲授和讲解向大学生传授思想政治的理论知识，也是使用最多、应用最广的一种理论教育方法。其具体方式有讲述和讲解两种。

讲授讲解教育法，是摆事实，讲道理，以理服人的方法。"理论只要说服人，就能掌握群众；而理论只要彻底，就能说服人。所谓彻底，就是抓住事物的根本。"说理是高校思想政治教育的基本方法，是打开大学生心灵的钥匙，讲授讲解尤其要说理充分透彻。讲授讲解教育法是语言灌输的一种主要方式，它主要运用于系统的马克思主义理论教育、理论学习辅导和党的路线、方针与政策的解释、宣传。

3. 宣传教育法

宣传教育法是指运用大众传播媒介向大学生传播正确理论和先进思想的方法，既有理论的阐述与辅导，也有典型的学习、运用示范。

（1）宣传教育法的基本方式——专题讲座

专题讲座法是思想政治教育者就某个专门的思想政治问题做系统的讲述，使大学生对这一问题产生系统的思想认识。专题讲座法可以系统地阐述某个政治道德问题，例如科学发展观专题报告、抗震救灾英模报告、大学生文化素质专题讲座等。专题讲座的专题，大多是选择大学生关心的思想政治热点问题。通过听专题报告或讲座，大学生可以获得对这一问题的系统正确的认识。专题讲座法是高校思想政治教育中经常运用的一种形式，一般分两个阶段进行，先是由讲座人就专题做系统讲授，然后留适当的时间与大学生做双向的思想交流，当场回答大学生提出的问题。

（2）宣传教育法的新方式——网络宣传

在电子媒介中，网络是最具现代特色的传播方式，它信息量大、及时，视野最为开阔，并且能够做到声、光、图、文并行，既能对人进行外部引导，又能促发人的内部引导，其对人们的吸引力和影响力已经超越了电影电视。在高校开展网络思想政治教育是十分必要的，高校也要对网络这个有利的平台有效利用，广泛开展宣传教育。

4. 个别谈心法

个别谈心法也叫谈话法，是教育者采用交谈的方式，引导教育对象运用事实、经验和政治理论、道德原则，分析和解决思想问题和现实问题的方法。这种在个别交谈中进行的教育方法，不仅能够彼此沟通思想、交流感情、增强信赖，从而解除教育对象的思想顾虑，把思想脉搏搞清楚，而且易于集中教育对象的注意力，启发教育对象开展积极主动的思维活动和思想斗争，增强教育针对性，提升教育效果。实施个别谈心法需要注意：一是谈话要富有感情，善于同教育对象交朋友；二是根据外界环境的状况和教育对象思想实际选择合适的谈心时机；三是注意掌握谈心的合理程序，导入、转接、正题和结束，在不同阶段处理好相应任务，从而使谈心顺利有效地进行；四是对于谈心中了解到的情况，如果是对方要求"保密"而又必须在一定组织范围内加以解决的问题，应严格组织纪律，不得任意扩大传播范围。

（二）实践教育法

实践教育法是思想政治教育主体，有目的、有计划地组织教育对象参加各种有益的实践活动，引导其在实践中学习和培养优良品德和行为习惯的方法，是一种让教育对象在"做"的过程中，获得正确认识、深刻体验、提高各种能力养成良好习惯的教育方法。实践教育法的实质是人的个性思想品质社会化的过程。随着社会的发展，实践教育也在不断拓展其社会领域，不断扩展其实施范围，不断丰富其具体实施方式。当前，这些具体方式主要有以下两种：

1.劳动教育法

劳动教育法，就是让受教育者从事一定量和一定程度的生产劳动，使之在劳动过程中树立正确的劳动观念，并培养热爱劳动、亲近劳动人民的感情。

20世纪50年代，对知识分子的思想政治教育是劳动教育法实施最典型的例子。在社会主义条件下，人人都需要思想改造，知识分子更是如此。当时对知识分子思想改造的主要途径，是引导知识分子与生产实践相结合，与工农相结合，在结合的过程中确立正确的政治立场和思想观念，磨炼意志和作风，以利于为社会做出更大贡献。

2.社会考察法

社会考察法是思想政治教育常用的一种教育方法，与理论教育法不同，社会考察法是对社会问题、社会现象的分析，帮助受教育者提高自己的思想认识。社会考察法要求受教育者要对将要分析的社会现象有一定的认识，在分析的过程中受教育者要提出自己的看法与疑问，从而能够更加深刻地理解所分析的社会事件，提高分辨能力。

二、大学生思想政治教育的一般方法

大学生思想政治教育一般方法是高校在进行思想政治教育的过程中通用的方法。仅仅使用思想政治教育的基本方法已经不能满足现实的要求，因而，在实际的思想政治教育过程之中，我们必须紧随时代的脚步，积极地创新更多的教育方法，使思想政治教育的意义更加凸显。

（一）激励教育法

"激励"一词含有激发动机、鼓励行为、形成动力的意思。所谓思想政治教育中的激励方法，是指思想政治教育者依据受教育者的不同需要，施以相应的激励手段，以达到调动受教育者潜能的方法。

激励通常包括物质激励和精神激励两种类型。所谓物质激励，就是给予物质方面的奖励，包括颁发奖金、奖品和实物；所谓精神激励，就是给予各种荣誉或表扬，包括发给奖状、奖牌和授予各种荣誉称号等。物质激励和精神激励互为补充，相辅相成，缺一不可。在思想政治教育中，由于人们的不同需要以及"内在短缺"和"外在目标"的矛盾，实施激励方法的形式也是多种多样的。

1. 物质激励

所谓物质激励，就是对为国家和社会做出重大贡献的人，给予包括颁发奖金和奖品在内的实物奖励。在现实生活中，物质激励有着深厚的社会基础。马克思指出："人们奋斗所争取的一切，都同他们的利益有关。"因此，实行必要的、恰当的物质激励，是调节人们行为、调动人们积极性最重要的手段之一。在思想政治教育中应用物质激励的方式，不仅是必要的，而且是可行的。

2. 情感激励

所谓情感激励，就是通过多形式、多渠道，触及受教育者的内心世界，培养健康情感，提高理性认识的一种方法。在现实生活中，情感对人的认识活动有着极大的影响，它为做好思想政治教育创造了重要条件。要充分利用情感的力量，寓理于情，使人们放下对思想政治教育"说教"的"戒心"，在毫无觉察的情况下，让思想政治教育潜移默化地渗透到人们的心中。

3. 表扬激励

所谓表扬激励，就是充分肯定受教育者正确的思想和行为，鼓励其巩固和发展优良品行的方法。表扬激励符合思想政治教育的目标，同时，它直接满足了人们的精神需求，因而也符合人们的心理特点。思想政治教育者在实施表扬的时候，也要进行广泛的社会宣传，以在更大的范围内激发人们的热情，增强人们的责任感。

4. 榜样激励

所谓榜样激励，就是运用有影响的先进事迹和优秀的品德激励、感染、影响受教育者的方法。从唯物辩证法的角度来讲，榜样激励的方法是符合事物发展不平衡规律的；从社会心理学的角度来讲，榜样激励的方法是符合人的模仿心理和学习心理的。因此，在思想政治教育的过程中，教育者运用正面典型事迹进行教育，对于提高人们的认识、培养道德情感、坚定道德意志、规范道德行为，具有强有力的感染力和说服力。

5. 目标激励

人的需要只有指向某种特定目标时，才能变成行为的动机；而人的需要一旦转化为动机，就会形成一种促使自己发奋的内在力量。目标是影响人的行为的重要因素，因此，目标激励是思想政治激励教育法的形式之一。但是，我们在思想政治教育过程中，引导人们设置目标时，要注意两个方面的问题。一是合理性。这种合理性包括：目标要有一定的难度，但经过努力又是可以实现的；把个人目标与社会和国家的目标有机结合起来，一方面个人目标不能损害社会和国家的目标，另一方面个人目标也能够得以实现。二是期望性。根据行为科学的"期望理论"，人的需要是有目标的，但当目标还没有实现的时候，这种需要还只是一种期望，而期望本身就是调动人的积极性的力量。"期望理论"认为，目标效值和期望概率越大，激励力量也就越大，其公式为：激励力量＝目标效价×期望概率（其中"目标效价"即目标价值，指满足个人需要的程度；"期望概率"即期望性，指目标实现可能性的大小）。由此可见，目标既不能过高，也不能过低，否则就会失去激励的作用。

此外，兴趣激励也是一种重要的激励方式。兴趣往往是推动人们求知的一种力量，人们对自己感兴趣的事物，总是力求认识它、研究它。在思想政治教育中，只要激发起受教育者的兴趣，就能收到事半功倍的效果。

就激励方式而言，还可以举出很多种，上述五种激励方式是我们常用的方式，它们是互相联系、互相渗透的。思想政治教育者在实施激励教育的过程中，总体上既要有利益的关怀、情感的熏陶，又要有思想的共鸣、道德的感化；同时还要因时制宜、因事制宜、因人制宜、因地制宜，采用适当的激励方式，从而真正做到诱之以利，动之以情，晓之以理。

（二）典型教育法

所谓典型教育法，是指在思想政治教育中运用具有代表性的人物或事件对教育对象进行引导和教育的方法。从哲学的角度来看，典型是在一定时期或一定范围内具有相当程度影响的人物和事件，它能代表一类或一般事物的典型特征和本质、发展趋势或发展规律的个人或个案；典型示范教育就是通过典型教育使其吸收先进典型的有益成分，并对照自己的不足，吸取经验和教训，消除自己的不良思想和行为，提高自己的思想政治素质。典型教育法的种类有很多，按照不同的方式划分，有不同的类型。这里主要讨论以下两种：

1. 正面典型教育法

正面典型是社会生活之中经常可以看到的典型，是能够体现或代表先进，具有示范和榜样作用的典型，又称先进典型、进步典型。

运用正面典型教育法时应注意以下四点：

第一，要善于发现和推广具有时代感和代表性的典型。先进典型常常产生于我们身边的日常工作、学习和生活之中，需要去发现和识别。典型的选择要具有广泛的群众基础，既要树立全国性的榜样，又要树立不同类型、不同层次、不同行业的榜样，更要善于发现和树立本地区、本行业、本单位的典型。

第二，要注意对典型事迹的宣传实事求是以及典型的真实性和局限性。所以对典型的宣传、推广要实事求是，注意分寸、留有余地，决不能言过其实、任意拔高。

第三，要注意对典型的培养和教育，以关心爱护的态度对待典型。

第四，要教育大学生尊重典型，正确对待典型。任何先进典型都来自群众，尽管他们有超出普通人的一面，但并非也不可能是"完人"。只有全社会都来扶持典型、学习典型，典型之花才能常开不败。

2. 反面典型教育法

反面典型就是落后的或反动的典型，利用反面教材和反面教员开展思想政治教育，就是通过揭露或批评其错误或反动的观点，给人以教训，使人引以为戒，或使人认清其反动实质，与此同时，宣传正确和进步的观点。从我们党思想政治教育的历史来看，注意利用反面教材、反面教员开展思想政治教育是我们党思想政治教育的一条基本经验。今天，用社会主义核心价值观引导社会思潮，是思想政治工作的重要任务，正确地运用这一方法也一定会发挥其应有的作用。总之，利用反面教材、教员开展思想政治教育，目的是把非马克思主义和反马克思主义的东西摆在大家面前，让大家分清其本质，从而接受锻炼，增强辨别和选择的能力。

运用反面典型教育法时应注意以下三点：

第一，要勇于面对反面教材和教员，并加以正确的判断和识别。

第二，要主动引导大学生从根源和危害性上分析反面典型，进而帮助大学生自觉抵制反面典型，接受正面典型。

第三，要根据大学生的不同思想水平，选取适当的内容，"种"上适当的"牛痘"。否则，不看对象，乱点"鸳鸯谱"，选取的"牛痘"不合适或种得过量，则会害多利少，甚至是有害无利的。

（三）感染熏陶法

感染熏陶法，是指思想政治教育者充分利用教育情境和社会环境，对大学生进行思想政治上的感染和熏陶的方法。感染熏陶法是渗透原则的重要体现，具有非强制性、隐蔽性，能够寓理于情，以情感人，能使大学生在不知不觉中受到教育。感染熏陶法有多种形式，经常采用的有榜样教育法、艺术熏陶法。

1. 榜样教育法

所谓榜样教育法，是指以先进人物的先进事迹为模范，通过树立先进典型，教育人们提高思想政治觉悟的一种方法。榜样教育法把抽象的说理变为通过活生生的人物和事迹来进行思想政治教育，激起大学生思想感情上的共鸣，引导大学生去学习和仿效。具有激励大学生奋发向上的功能，容易被大学生接受，因此，历来是高校思想政治教育的主要方法之一。

运用榜样教育法，第一要善于发现典型，树立榜样，实事求是地宣传典型事迹。模范人物是在工作、学习和生活中产生的，因此要经常深入实际，调查研究，及时立意升华，让大学生感到先进典型与他们一样是有血有肉的人，就是他们中的一分子，从而产生亲和力和仿效心。第二要正确引导。学习先进，重在学习其精神，不能不顾时间、地点、条件单纯地模仿其行为，而是要与自己的实际结合起来，并按自身的特点创新发展。

2. 艺术熏陶法

艺术熏陶法，是指借助于影视、文学、舞蹈、音乐、美术等艺术手段，开展相关思想政治教育活动，使大学生从中受到感染熏陶。艺术感染法把大学生思想政治教育贯穿在直观形象、生动具体、感染力强的文化娱乐活动之中，融思想性、艺术性为一体，富于潜移默化的作用，为大学生所喜闻乐见，有利于增强思想政治教育的吸引力，扩大思想政治教育的覆盖面。

运用艺术熏陶法，教育者要注意加强自身修养，善于选择和利用环境中的积极因素，消除不良因素，创设良好的教育环境，并且与说理等其他方法结合使用，充分发挥它的思想政治教育作用。

三、大学生思想政治教育的特殊方法

在大学生思想政治教育过程中，在运用一些基本的方法来达到教育效果之外，还需要采取一些人们常用的一般方法。除了这些方法之外，还有一些特殊的思想政治教育方法可以采用和借鉴。

（一）心理咨询法

心理咨询法是近年来高校新兴的思想政治教育方法，不仅解决了心理问题还帮助人们解决了思想问题。具体来说，心理咨询法是指在思想政治教育中运用有关心理科学的理论和方法，通过语言、文字等媒介，给咨询对象以帮助、启发和教育，以使其认识、情感和态度有所变化，解决其在学习、工作、生活中出现的心理问题来维护和增进他们心理健康，促进思想提高，实现潜能开发，从而使其保持思想的进步和身心的健康，更好地适应环境和发展人格。

心理咨询的对象不是患者，不同于医院的专业性心理治疗，主要是心理咨询专业人员针对大学生存在的思想问题、心理失衡、情感问题和学习困惑，依据心理学的专业知识，给予疏导解惑。心理咨询是基于科学的一种教育手段，其进行不可能像一般的谈话那样随便，必须遵循一定的步骤、通过一定的环节才能逐步达到了解并引导受教育者的目的。心理咨询一般分为掌握材料、分析咨询、引导帮助和检查巩固四个步骤。心理咨询法作为思想政治教育方法的一种，在高等学校越来越受重视，主要原因在于随着大学扩招，学生就业压力越来越大，导致不少学生对社会、对人生、对事业产生严重的焦虑感，进而产生迷茫情绪。另外，现在的大学生大多是独生子女，当离开家庭独立在大学生活学习后，在人际关系、情感问题、竞争挫折等方面，往往出现不适应，需要及时地给予心理疏导和思想解惑。

（二）预防教育法

预防教育法实质上就是在问题还未发生前，就采取一定的教育方法来阻止问题的发生。在大学生思想政治教育中，通常出现的问题主要有两个方面：一个是思想上的；另一个是行为上的。采取预防教育法就是为防止学生思想上的一些问题或者行为出现偏差而采

取的教育方法，使可能出现的问题被消灭在萌芽状态。

预防教育的方式方法是多种多样的，通常有以下两种：

1. 普遍预防

普遍预防，就是以客观实际情况为基准，根据情况的变化对大多数学生可能出现的思想问题，在还未发生前就进行教育，尽量避免问题的发生，进一步避免问题的大范围扩散。通常会有以下几种重要的情况会对大学生思想产生重大的影响：社会发生转折、体制发生了改变、在社会中及学校中出现了一些重大的事件，以及大学生自身的生活或者学习发生了重大的变故，例如新生的大学适应、学生宿舍的调整、夏天禁止学生到江河游泳、通货膨胀与物价上涨等等。这些情况的出现往往会使大学生提出许多问题，发生许多议论，产生思想认识上的种种矛盾和困惑，这时就要采取一定的思想政治教育手段来尽量减少这些事件给大学生思想带来的影响。普遍预防就是其中一种重要的手段。因而，普遍预防是十分重要的，它能保证学校的安定团结和平稳发展，避免不必要的曲折和损失。进行普遍预防，要关心大学生的利益，掌握他们的心理，坚持正面引导，注意化解矛盾，努力避免思想积怨和矛盾激化。

2. 重点预防

重点预防，实际上就是有针对性地进行预防。就是对突出的人或者具体事件，或者是在关键时期可能出现的问题，及时进行事先教育从而预防一些可能出现的对大学生思想产生不好影响的情况。大学生群体是一个人数众多的群体，同时，每个大学生都是一个单独的个体，虽然同在校园里学习，但每个大学生的具体状况是不同的。如大学生自身的情况、大学生的家庭状况、人际状况、所处的环境等，这些不同会对大学生思想状况产生直接或间接的影响，最终导致大学生思想状况的不同。因而，针对不同的学生、针对不同的状况进行重点教育是十分贴近大学生的，是一项很具有实效性的思想政治教育方法。

第三节　大学生思想政治教育方法的应用

一、大学生思想政治教育方法应用选择依据

在高校学习中，对大学生进行思想政治教育，选择恰当的教育方法极为重要，有利于大学生思想政治教育目标的实现。在对教育对象进行认真的分析和探索的基础上，因材施

教，选择恰当的教育方法，不仅可以最大限度地获得思想政治教育的效果，同时还可以有针对性地提高大学生思想政治的教育水平。

（一）教育目标与任务

目标任务的完成需要方法的妥当运用，方法是完成任务的工具和手段，受到目标任务的制约。在对大学生进行思想政治教育过程中，教育目标和任务需要依靠一定的教育方法来实现，教育方法是为教育目标任务服务的。根据大学生思想政治教育的目标任务来选择教育方法，才能够保证教育目标任务的实现。

对大学生进行思想政治教育，实现大学生思想政治教育的目标与任务是首要目的，其是一个完整的教育体系，具有多样性、层次性和系统性等特点。应当明确的是，大学生思想政治教育的目标与任务，是确立教育具体内容的出发点，而思想政治教育方法则是实现思想政治教育目的的重要手段与途径，是在确定思想政治教育目标的基础上具体设计和实施的。如果没有思想政治的教育目标和任务的指引，那么教育方法的选择就会失去活力。

（二）教育对象的具体特点

思想政治教育目标的实现要紧密结合教育对象的具体情况和不同特点，有针对性地选择教育方法。大学生作为思想政治教育的接受者，选择合适的教育方法，会对思想政治教育活动的最终实施效果产生直接的影响。在新的时代条件下，大学生体现出了自身独特的特点，对大学生思想政治教育方法的选择和设计必须结合这些特点，满足当代大学生的实际需求，那么其在实施过程中就易于被接受，容易产生效果。大学生思想政治教育对象有个体和群体之分，不同年级、不同层次的学生群体所适应的思想政治教育方法各不相同，同一个学生群体中不同成长经历、不同家庭环境、不同个性特点的个体适应的教育方法也存在差异。在对大学生进行思想政治教育过程中，还要考虑学生在思想观念和道德水平方面的不同。

（三）教育面临的实际问题

在对大学生思想政治教育方法进行选择的过程中，一个重要的依据就是要具有实效性。只有选择合适的大学生思想政治教育方法，配合有针对性的和恰当的使用，才可以有效避免大学生思想政治教育主体的盲目性，能够根据教育目标的指引自觉地改善实际行动。

大学生面临的实际问题往往决定了如何具体实施思想政治教育。如果教育者能够深刻分析引发学生实际问题的原因，针对问题的性质、程度和影响因素进行具体分析，选择合理的教育方法，那么解决学生的实际问题，提高学生的思想认识就会变得容易。

二、大学生思想政治教育方法应用中存在的问题

（一）重教师主导作用，轻学生主体地位

大学生在思想政治教育中的主体地位，一方面表现为思想政治教育的"目的合理性价值"，即实现道德对人生的调节、引导和提升；另一方面也包括思想政治教育维护国家政权、维持社会稳定的"工具合理性价值"。长期以来，我们的思想政治教育方法一味强调教师的主导作用，忽视了学生的主体地位，在一定程度上偏离了对人自身道德建设的"目的合理性价值"，具体表现在两个方面。一是将德育过程等同于智育过程，忽视了学生对伦理道德的主观思考；混淆了"掌握"和"认同"的概念，没有对学生外在道德需求向个体道德需求转化的心理接纳引起足够的重视；忽视了大学生面临的实际问题，缺乏促进学生进行全面发展的服务意识。二是缺乏双向交流的单向主客体教育方式使学生在受教育过程中处于被动接受状态，失去了建设自身道德的内在热情；学生掌握的道德规范、准则体系不能主动地内化为道德信念，导致"知而不信"；道德信念不足以外化和指导道德行为，表现为"言而不行"。

（二）重传统人际传播，轻现代科技含量

现行的大学生思想政治教育主要依靠人际方法传播，这种传播方式无须经过中介作用，说者与听者的传播关系具有完整性，人们通过直接的个性对话沟通心声、交流情感、达成共识。传统的上课、做报告和参观访问等人际教育方法，在过去的历史条件下，发挥了重要的作用。但伴随着国际化进程的逐渐深入，信息技术迅猛发展，大众传媒高度发达，大量的音频、视频、图片等时时刻刻充斥着大学生的视觉和听觉世界，其传播速度之快、传播范围之广、传播渠道之多，加大了大学生思想政治教育外部环境的不可控性，也使教育者传统的信息优势地位丧失。缺少现代科技含量的教育方法导致我们信息传播的质量不高，网络思想政治教育的"超前服务"功能滞后，教育的定量分析与定性分析缺乏统一性，高校思想政治教育的"公信力"受到前所未有的挑战。

（三）重课内理论灌输，轻课外生活实践

众所周知，只有在科学的理论指导下才能帮助学生树立正确的世界观、人生观和价值观，但是科学理论需要教育者对学生进行灌输，不能由学生头脑中自发形成，因此在传统教育中，理论灌输法就成了大学生思想政治教育中常用的一种方法。其中，集中式的课堂理论灌输方法因便于人、财、物的组织和管理而受到高校的普遍青睐。思想道德修养与法律基础、毛泽东思想和中国特色社会主义理论体系概论、马克思主义基本原理等理论课程长期以来成为高校思想政治教育的主阵地。然而在实际工作中，我们忽视了与课内理论灌输相辅相成的一个重要环节——课外生活实践。大学生不能在生活实践中体验社会竞争、国际化的交流与合作以及人与人之间的复杂关系等，就会因缺少对外部规范的真正消化过程，出现"知行脱节"的虚伪现象和阳奉阴违的双重人格。

三、国际化视野下我国大学生思想政治教育方法的创新

通过总结国外高校思想政治教育方法的基本经验，我们发现，无论是发展隐性教育方法、组织课外生活实践还是提倡家校教育合作，国外高校的种种做法都回归于一个核心，那就是通过不断提升思想教育的亲和力来促进教育效能的最大化。借鉴国外高校的部分先进经验，我国的大学生思想政治教育也必须加强对青年学生的吸引力和凝聚力，使青年学生变被动接受思想教育为主动参与思想教育，进而在复杂的国际环境中保持清醒的头脑和坚定的信仰。打造亲和力是国际化视野下我国大学生思想政治教育方法创新的战略引擎。

（一）以三元交互决定论为依据，发展大学生思想政治教育的渗透式方法

国外高校思想政治教育方法的基本经验告诉我们，现代思想政治教育方法论在一定程度上是显性教育方法与隐性教育方法相互补充的方法体系。渗透式教育方法正是教育者运用科学的方法将体现教育目标的教育内容以一定的载体形式贯穿于受教育者可能接触到的一切事物和活动之中，更容易增强思想政治教育者的亲和力。人既不是单向地受内在力量的驱使，也不是单向地受环境的约束，人的内部因素、行为和环境影响相互联结、相互决定。借鉴三元交互理论的部分观点，发展大学生思想政治教育的渗透式方法，是显性教育方法与隐性教育方法互补结合的重要途径。

第一，要注重培养学生的自主体验意识，在学生道德习惯养成中充分发挥个人观察和学习的作用。例如，利用榜样示范法对学生进行道德激励，帮助学生在理解榜样行为的基础上，从榜样行为中凝练出具体的精神内涵，如民族传统精神和品质、富有时代特征的先

进意识和观念等，从而提升学生对榜样学习的理性认识。

第二，要发挥学生的主体性思维在知行关系中的积极性中介作用，体现大学生思想政治教育的渐进性。即使人们已充分认识到该做什么，他们也经常不去最大限度地做出这种行为。这是因为，有关自我的思维在知识和行动的关系中起中介作用。长期的教育实践告诉我们，思想教育不是一蹴而就的。鉴于此，我们要根据学生所处的不同时期，分阶段进行渗透式教育，达到教育目的。对新生采取"造势法"，着重进行养成教育，培养学生自主学习和独立生活的意识；对二、三年级学生采取"顺势法"，把思想教育与专业学习有机融合，着力提升创新实践能力；对毕业年级学生采取"定势法"，强化职业信念教育和为社会服务的意识。

第三，充分发挥学生在思想政治教育过程中自我认知的调节作用。教育的最终目的是不教育，班杜拉也强调自我调节在德育中的重要作用。渗透式教育方法的优点就在于，教育者不会把既定的道德模式强加给学生，为学生预设好善、恶、美、丑的评判标准，而是通过对学生心智模式的潜在影响，让学生学会依据自己的价值标准对自身的行为做出奖惩。因此，创设一定的思想政治教育情境，通过对学生在视觉、听觉和触觉上的"正强化"来促进他们的心智发展，构建学生强大的自我认知和调节系统是很有必要的。

（二）以主体间性理论为核心，发展大学生思想政治教育的同构式方法

所谓主体间性，指主体与主体之间的相关性、统一性和调节性。主体间性以个人主体性为基础，如果人不成为主体，不具有主体性，人与人之间就不会有主体间性。而"同构"，从抽象代数中来看，指的是在数学对象之间定义的一类映射，可以对这些对象的属性或操作之间存在的关系进行揭示。

发展以主体间性理论为核心的大学生思想政治教育同构式方法就是要根据教育"以人为本"的根本要求，突出受教育者的主体地位，找出教育者与受教育者之间的共同属性或对应关系，然后将其作为大学生思想政治教育中重点关注的地方。

第一，要围绕高校的国际化人才培养目标，必须明确大学生发展的多项需求，确保思想政治教育社会目标与大学生个性发展目标的一致性。一方面，要在思想政治教育的课堂中增加国际理解教育和跨文化教育内容，加强大学生对世界的全面理解，引导学生理性面对文化选择；另一方面，针对大学生的社区模式和教育基地模式不断进行优化，鼓励大学生对周围环境进行观察，搭建思想政治教育的文化平台，并在社会实践过程中对文化渠道不断进行拓展和创新。

第二，要打破传统的主客体教育方式，建立双主体教育协商模式。具体来说，就是要加强教育的师生互动，引导学生以主体的身份通过"角色进入—体验—选择"参与教育过程；要研究大学生的思想"兴奋点"和语言环境特点，及时更新教育者的"语料库"和"思维系统"，使教育者的表达方式和交际方式符合大学生的期望和习惯，实现思想政治教育的政治话语、学术话语和教学话语与社会生活话语的对接。

第三，要加强思想政治教育的"技术含量"，通过在主题网站、信息平台和辅导员博客的建设中注入学生喜闻乐见的时尚科技元素，牢牢把握教育的网络话语权，同时鼓励学生创设个人主页、班级博客等自我教育平台，完成从他律到自律的转变。

（三）以社会服务思想为引领，发展大学生思想政治教育的社会工作方法

在国外高校，学校社会工作者起着重要的作用，对改善与学生成长有关的"社会–情绪–文化"因素、维护学生权益、对特殊学生施以特殊关照等方面效果显著，并逐渐形成、构建起了学校社会工作理论与实务体系。随着经济全球化的不断发展，我国部分高校也开始引进国外学校社会工作的教育模式，并随之进行了研究与探索。

强调服务是社会工作的一大特色，而服务是通过社会实践来体现的，离开了实践，社会工作就不能实现其"助人"服务的本质。从这个方面来说，社会工作与大学生思想政治教育的出发点是相同的。借鉴国外思想政治教育的成功经验，以及我国思想政治教育的反复实践证明，社会实践正是大学生思想政治教育的有效途径。"全心全意为人民服务"是党的宗旨，大学生思想政治教育是党的思想政治教育的一个重要组成部分，因此大学生思想政治教育的宗旨也将是"全心全意为人民服务"。在原来高校的教育中，教育者没有对服务中进行思想政治教育引起足够的重视，导致工作人员服务理念不强以及服务成效不显著。这就使得在很多情况下，对大学生提供的服务通常是一般性质的服务，不具有针对性，一些特殊的学生没有获得有效的帮助。由此可以看出，在大学生思想政治教育中引入社会工作的服务理念十分必要，这有助于强化思想政治教育的"服务性"，加强教育者的服务意识，有针对性地为大学生提供帮助，提高大学服务工作质量。

第一，我们要借鉴社会工作的"服务"理念，既要全面掌握学生的共性特点，摸索思想政治教育的普遍规律，又要充分尊重学生的个体差异，并承认差异、悦纳差异，体现思想政治教育的个性色彩。

第二，要运用社会工作的小组工作方法，解决大学生思想政治教育的共性问题。小组工作方法，其对象是小组中的个人，通过小组及小组工作者的协助，使这些人获得小组经

验、行为的改变及社会功能的恢复与发展，并达到个人、小组、社区及社会的发展。大学生思想政治教育可以根据不同的教育目标设立不同的小组，发挥小组活动的优势，让学生在活动中发挥自身特长，通过增强学生之间的"了解与对话"，使他们在同辈群体中获得接纳和尊重，进而帮助学生树立正确的世界观、人生观和价值观。例如，华中师范大学的恽代英党校培训班，培训对象全部是刚进入大学的新生党员，班级内部打破专业限制，分成了若干个学习小组，小组的目标就是要提升成员的党员身份认同感，端正入党动机，查找自身不足，明确努力方向。培训班除了开展日常的课堂教学之外，还通过小组风采展示增进学员之间的相互了解，通过党员工作坊的小组集体游戏培养学员的团队意识、奉献意识和责任意识，通过制订小组党员成长计划，将激发学生的内在成长动力与提供外部环境保障相结合。这种针对新生党员的群体教育就是运用了社会工作的小组工作方法，受到学生的普遍欢迎。在实际工作中，高校思想政治教育借鉴社会工作方法在学生中组织小组活动以学生社团最为常见，因此，我们要高度重视大学生社团的教育功能，帮助社团争取更多的发展资源，鼓励学生多参加有意义的社团活动，让学生在发展兴趣爱好的同时调整认知结构，达到知行统一。

第三，要尝试运用社会工作的个案工作方法，解决大学生思想政治教育的特殊问题。缓解个别学生的考前压力、就业压力，疏导部分学生的心理困惑等都是思想政治教育工作者工作的重要内容。社会工作的个案工作方法经过近百年的发展，已经形成沟通、会谈、访视、记录等基本技术和一系列比较成熟、完善的治疗模式，如心理社会治疗模式、危机调适模式、行为治疗模式、人本治疗模式、任务中心模式和个案管理模式等。这些基本技术和治疗模式正是大学生思想政治教育所需要的。

（四）以协同理论为借鉴，发展大学生思想政治教育的协同式方法

协同学理论认为，形成系统之间、系统各要素之间相互作用、相互协调关系，有助于形成子系统之间时间、空间、结构、功能上的有序。国际化视野下的大学生思想政治教育方法创新是一个复杂的系统工程，也需要各要素之间的协调与合作。只有系统各要素的"涨落"合理，态势平衡，才可能出现结果的"质变"。"国际化"使思想政治教育被迫置于综合化的环境之中，置于整体性建构的对象面前，各种教育方法的局限性和互补性为大学生思想政治教育方法的协同运用提供了现实可能。鉴于此，协同式方法也是大学生思想政治教育创新的必然选择之一。

第一，要进一步推动思想政治教育学及相关学科的发展，增强大学生思想政治学教育

方法系统的兼容性。要适当打破原有方法系统的封闭性和平衡性，在摒弃、完善或改革传统教育方法的过程中，不断结合当代大学生的新特点研究和引入一些新兴教育方法，通过不同方法间的渗透、弥合和嬗变，创造大学生思想政治教育方法系统与外界进行信息交换、资源共享的有利条件。

第二，要加强政府、学校、家庭和社会教育资源的协同，实现思想政治教育从"孤军奋战"向"协同整合"的转变。在我国，思想政治教育的"5+2=0"效应时有发生，即学校对学生5天的正面教育被社会对学生2天的"负面影响"抵消了。在西方国家，思想政治教育从来就不是一个部门的事情，而是由全社会共同承担的"伟大事业"。针对我国目前大学生思想政治教育"孤军奋战"的格局，学校教育必须在苦练内功的基础上获得外力支援，尽早形成一个全民参与的大学生思想政治教育网络。学校教育是主导，家庭教育是依托，社会教育是主线，政府政策是保障。一方面，在学校教育中，我们要树立"大学工"的工作理念，将社会学家、心理学家、教育学家充分吸纳到思想政治教育工作的队伍中，通过提供更专业的心理咨询和就业服务解决大学生的实际问题，提高思想政治教育的针对性和适用性；另一方面，要突出家庭教育的基础性地位和社会教育的熏陶作用，在把家庭作为大学生接受思想政治教育的第一课堂的同时，充分运用文学艺术、先进典型、大众传媒、改革开放和现代化建设的巨大成就、重要节日纪念日、爱国主义及社会实践教育基地、祖国大好壮丽河山等资源，丰富思想政治教育的载体。西方国家还有大量从事思想政治教育的社会团体和公共机构，我国政府也应该通过政策引导、财政拨款和奖励机制扶持这类团体和机构，鼓励社会各界参与到思想政治教育工作中，形成政府"掌舵"，学校、家庭和社会"划桨"的育人格局，将我国的大学生思想政治教育在国际化背景下推向"全面协同"的新境界。

第三章　大学生思想政治教育的途径与载体优化

第一节　大学生思想政治教育的途径

一、日常思想政治教育管理

日常思想政治教育是相对于思想政治理论教育而言的，是指与大学生日常生活紧密相连的思想政治教育。重视和加强大学生日常思想政治教育，不断提高大学生日常思想政治教育的实效性，是不断改进和创新大学生思想政治教育的内容和形式的时代要求。

（一）大学生日常教育管理的内涵

1. 大学生教育管理

从广义上来看，大学生教育管理是学校、家庭、社会对学生德、智、体、美等方面发展进行的教育和管理工作，培养造就具有创新能力和创业精神的有理想、有道德、有文化、有纪律的"四有"新人工作的集合。其内容纷繁复杂，从招生到毕业的所有与学生有关的工作都在学生教育管理工作的范围内。狭义上的大学生教育管理是与智育相对而言的，包括思想政治理论课与日常教育管理，指大学生教育管理部门根据社会的要求和学生自身的发展规律，结合高校及其在校学生的特点，对学生实施有目的、有计划、有组织的引导，以促进学生身心素质的提高，使学生的言行符合学校规定及社会预期的一系列系统活动的总和，是大学生思想政治教育工作和大学生日常教育管理工作的简称。

2. 大学生日常教育和管理

（1）大学生日常教育

大学生日常教育是指教育者通过自己的言行，把一定的政治观点、思想体系和道德规范转化为大学生的日常自觉行动的实践活动。这种教育的内容是多方面的，它偏重于促进学生在社会、职业、情感、道德、精神等方面的教育和指导，具体包括思想政治教育、养成教育、专业思想教育、爱国主义教育、形势政策教育、感恩教育、道德品质教育、健康教育、法制教育、纪律教育、组织协调能力教育等多个方面。其中思想政治教育是基础，贯穿于学生日常教育管理，但同时其他各种教育也为思想政治教育服务。这里的学生日常教育管理中的思想政治教育是狭义的，它是大学生思想政治教育中的日常思想政治教育的一部分。

（2）大学生日常管理

大学生日常管理是指高校管理人员根据相关规章制度的要求，对学生日常学习、生活等活动中所表现出的行为进行有意识的控制，使学生的行为符合法律、规章制度及社会道德行为的要求，树立正确的世界观、人生观、价值观，养成良好的学习生活习惯。大学生日常管理作为一个常规性用语，它表示的是一个相当于学生工作的范畴，只不过它是偏重于管理的学生工作。管理是学生工作的重要手段，它以规章制度为基础，通过规范学生行为或者规范学生事务来维护学校的正常秩序，并促进学生的全面发展。这里的日常教育管理以第二课堂教学内容为主，以各种学生活动为载体，有计划地安排、管理各种非课内的教学活动，是课堂专业教育的拓展和延伸。

（二）大学生日常教育管理工作原则

1.教育和管理相结合

大学生日常教育和管理的本质与核心是对学生进行教育和管理，不是简单地对事的管理，更不是单纯地对学生进行处理、处罚和表彰。教育学生主要是启发学生的思想，管理学生主要是规范学生的行为，服务学生主要是靠教育、引导、规范、转化来调动学生思想、行为朝着成人、成才、成功方向发展的积极性和主动性，把树立理想、明确目标、遵规守纪、践行公德变为学生的思想和行动。在日常工作中既要充分发挥教育的思想引导作用，更要施以必要而有效的外在管理约束作用，提升教育、管理和服务工作的水平和效果。

2.谈话和谈心相结合

在学生教育和管理工作中，"谈话"和"谈心"有其内在联系，但是也要清楚它们之间的本质区别及其产生的工作效果。"有事谈话，无事谈心"，学生思想行为出现正负效应时与学生交流称为"谈话"，谈话之艺术立足点在于谈心，表扬和批评都要适度，符合实际，否则容易引起学生反感和逆反情绪，导致工作效果减弱，在谈话人威信不高的情况下甚至会产生负面效果。闲暇无意识状态或主观故意在学生无法确定教育主体主观思想意愿的情况下与学生交流称为"谈心"，往往会收到震撼学生心灵的感动效果，从而激发学生端正自己思想、行为的内在心理上的愿求。这样的影响是深远的，教师的一些话学生会铭记一生。因此，工作实践中要综合运用"谈话"和"谈心"两种必要的教育和管理手段。

3.理论和实践相结合

理论和实践是辩证促进的，工作理论的最佳来源途径是实践积累，学理论不是看理论、听理论，为不良工作效果找借口，关键是要使工作有效果，提升工作水平，强化实践效果。在日常教育管理工作中要认真分析学生个体与群体的现实特征，树立正确的学生观，增强工作动力，所运用的工作理论也要符合实际，不能只是"空中楼阁"、坐而论道而工作实践程度肤浅，不见实效；更不能对工作实践效果弱化现象视而不见，或不顾客观评价，对工作实践效果过于高估，导致"埋怨、牢骚"意愿强烈，要切实把主要精力放在优化学生个体思想行为和学生群体风气上。

4.规范和人本相结合

情感是一个人接受教育的前提条件，没有良好的感情基础，就没有良好的教育效果。真诚的教育和管理态度是增强工作效果的"激发器"。因此，工作中要强调"动之以情，晓之以理"。当然还要特别注意既不能片面停留在"动之以情"的层面，也不能单纯局限于"晓之以理"的层面，而应将二者有机结合，综合运用，做到情中蕴理、理中含情，情理交融、人本服务。工作实践中，要学会围绕社会大背景和学生的成人、成才、成功愿景，切实把思想教育工作做到学生心坎上，让他们了解和接受学校加强管理工作的目的和目标，懂得和感受学校加强学生思想和行为规范与他们的发展愿望是一致的，从而消除在教育管理过程中学生的消极思想和抵制情绪，切实增强日常教育管理工作的实效性。

（三）大学生日常教育管理模式的建立

大学生日常教育所涉及的内容极其丰富和广泛，是一项复杂的系统工程，同时也是一个完整的科学体系，各要素之间要相互协调配合，不仅要注重时空的变化，更要关注不同群体的身心特点；既要注重内容在时空上的拓展，又要注重内容的内部联系；既要围绕教育培养目标开展教育，又要注重队伍建设，为教育培养目标的实现提供必要的基础保障，做到时空、内容、队伍的三维统一。

1.突出以年级为单元的日常教育

以时空为第一维，突出以年级为单元开展教育的针对性。大学四年的生活是我们人生中最重要的一段时光，从大学一年级到四年级，是按照年份来划分的，每一个学年的两个学期是按照上下半年来区分的。在大学生日常教育体系构建中，时间具有不可或缺的地位和作用。突出以年级为单元开展教育，是因为不同年级的学生身心特征和认知状况有很大的区别。这正像我们在调研中学生对四年大学生活的描述那样：大一最盲从，大二最放松，大三想行动，大四最头痛。大一的学生刚进校，对大学生活充满了好奇，处于适应和了解时期，最大的特点是什么活动都想尝试，但缺乏计划性；大二的学生经过一年的适应后，认为已经完全了解了大学生活，但毕业还"遥遥无期"，所以心态放松，处于"个性张扬"的顶峰时期；大三的学生面临毕业，已经感受到就业的压力，但"时日不多"，所以在自身发展上，内心"充满了矛盾"；大四的学生在残酷的就业现实面前，对个人的能力和素质的评价给予了过多的疑问。所以，突出以年级为单元开展教育，有利于贯彻落实教育的科学性和针对性原则。

2. 突出日常教育内容的系统性、方向性

以教育内容为第二维，突出强调日常教育内容的系统性和方向性。大学的任务就是培养创新型人才。创新型人才必备五大素质，即具备扎实的理论基础和知识基础，具备创造性思维，具备创新人格，具备协作精神，具备主动实践能力。《中华人民共和国高等教育法》第五条明确指出：高等教育的任务就是培养具有社会责任感、创新精神和实践能力的高级专门人才。大学生日常教育是为实现大学生教育培养目标服务的，我们的日常教育工作不能脱离培养目标而独立存在，这是大学生日常教育工作的中心和重心。教育内容的系统性，就是要依据教育规律，根据培养目标的需求，结合学生发展实际，对受教育者进行有组织、有计划、有步骤的日常教育，比如对大一的学生主要开展以入学教育、专业教育、校纪校规教育、学风考风教育、党性教育和养成教育等为内容的"转变教育"，目的是使他们尽快适应大学生活，完成从中学到大学的转变。大二则主要开展"职业教育"，让学生尽快了解行业、了解社会、了解自身。在此基础上制定适合自身发展的职业规划愿景，促进四年大学生活的有序进行，避免大二阶段的全面"放松气在教育内容上应着重了解专业框架和发展前景，行业发展趋势对自身素质所提要求，鼓励并组织开展理论结合实际的社会实践活动，适时开展诚信、责任教育等方面的社会实践活动。大三阶段的教育重点应放在"发展教育"方面。因为，大三的学生经历了大一的基础训练和养成教育，在大二阶段又有了比较科学的对自身行业和社会的认识，大三阶段正是调整和冲刺的最佳时机，教育的内容应侧重于科学知识、创新精神和能力、专业能力以及组织协调和人际沟通能力等全面的素质和能力的提升。对大四的学生主要开展就业教育，目的是使他们尽快完成由学生到职业人员的转变，以尽快适应社会工作岗位的需求。但是，我们的注意力往往过于集中于大一和大四，有意无意地忽视或忽略了大二和大三的教育工作，经常性的现象是大二、大三学生日常教育被"一笔带过"。整个大学生日常教育工作就像老虎的身材"虎头铁尾麻秆腰"。相反，大二、大三是整个大学生活的黄金时期，学生成为大学生活的主体，如果此时得不到系统的、科学的、及时的日常教育引导，整个教育工作就会事倍功半。

3. 突出日常教育的能动性和保障性

以队伍建设为第三维，突出日常教育的能动性和保障性。政策制定以后，干部是决定性的因素。这一说法突出强调了人在事物发展变化过程中的重要作用。在学生日常教育过程中，干部队伍的能力和敬业精神对落实日常教育工作至关重要，没有一支过硬的队伍，制订再好的教育方案，也不会取得好的教育效果。首先，我们在队伍的组建上，要落实中央 16 号文件和教育部 24 号令的精神，形成学生干部、班主任、辅导员三支队伍相互支撑，以辅导员队伍为主导的教育体系；其次，要整合资源，抽调精兵强将，组建"学生讲师团"等，针对学生日常教育工作中的难点、热点及时开展研究，实施专项教育，以获得突破性效果；最后，要讲究工作层次性，班主任应着重抓好以每周班会为主要形式的日常教育工作，辅导员则着重抓好以每月主题班会为主要形式的定点教育，学生讲师团则重点抓好以专项教育为主要形式的专家式的教育，这样一来，学生日常教育工作就形成了队伍健全合理、教育职责明确的良好体系。

二、校园文化

校园文化建设是学校开展全面建设的重要内容，建设适应当今以建设社会主义和谐社会为目标的校园文化，可以加强凝聚力，为师生创造良好的校园人文环境，可以促进高校建设，促进社会和谐。

（一）校园文化的内涵

校园文化实际上就是除了课堂以外的所有的与教师和学生相关的教育活动。校园文化是一个内容复杂、形式多变的综合体：思维活动、文化环境、道德关系以及人际关系都有可能成为校园文化的一部分，从而直接或间接地对教师以及学生产生影响。

校园文化是高校不可或缺的一部分，它是在长期教学与实践过程中逐渐形成的具有自身鲜明特色的标签，更是彰显该校学生思想观念区别性的重要标志，是学校最生动、最鲜明的名片。

（二）校园文化的结构

在国内，关于高校校园文化的结构，主要有三种说法：一是校园文化"三体系"说，即高校校园文化包含物质文化、制度文化、精神文化这三个相互渗透、相互影响的结构体系；二是高校校园文化"四方面"说，即校园文化包括物质文化方面、精神文化方面、制度文化方面、行为文化方面，其特点是单独将校园的行为文化动态特征作为一个重要方面来研究；三是高校校园文化"六要素"说，即校园文化包括环境文化、学术文化、科技文化、艺术文化、阵地文化、网络文化六个要素。

从校园文化的结构角度分析，本书更倾向于"四方面"说。因为"三体系"说并没有将行为文化单独列出来，而是将其融入其他三类文化中，但是在学校的实际生活中行为文化在校园文化生活中的作用不可忽视，不能笼统地将其融入其他文化中，应该以一种较为独立的方式存在，并值得深入研究。而"六要素"说将校园文化划分得有些偏细，过于微观，不容易形成一种系统性的学说。"四方面"说既将校园文化几个重要的方面加以分类，又不至于划分过细，影响理论的指导性和普适性，以下具体给予阐述：

1. 物质文化方面

校园物质文化，主要是指学校教学、科研、生活所需要的物资设备和物质环境条件，它是精神文化结晶方式的实体存在。校园物质文化作为校园文化外显的物质形态，能被人们的感官直观地感受到，具有形象、直观的特点，这是校园文化的表层部分，是形成精神层和制度层的条件。物质文化主要包括校容校貌、教学手段和科研条件以及校园文化体育设施等。校容校貌主要指学校的地理位置、地形地貌和校舍的建筑风格等，这些物质的东西都会在潜移默化中对学生进行无形的教育，是一本无字教科书；教学手段和科研条件，不光是指教学设施、科研仪器、教室布置等这些物体本身，而是凝聚其中并通过它们反映出来的教育思想、治学理念等；校园文化体育设施主要指那些以物质形态存在的文化设施，在满足广大师生文化需求的同时，也以其独特的校园风格和文化内涵，对身处其中的师生产生潜移默化的作用。

2. 精神文化方面

校园精神文化是高校在长期发展过程中形成的一种特定的精神环境和文化氛围，它是校园文化的核心和灵魂，主要指广大师生共享的价值观、共同信守的基本信念、价值体系、思维方式、审美情趣及精神风貌等，是形成校园文化的制度文化体系和物质文化体系的前提和根源。同时，精神文化本身是一种隐性文化，既不独立存在，又无处不在。校园精神文化是校园文化建设的核心，学校精神是师生的共同信念和追求，培育学校精神的关键是对师生进行科学的世界观、人生观和价值观的教育。当下，就是要充分利用这种无形的精神力量将创新的潜意识启迪、熏陶给学生，促使其朝着成为具有创新素质的人才努力。

3. 制度文化方面

制度文化建设的目的是建立一种使学校各部门和校园文化各因素协调一致、有机发展与和谐、有序的公共生活状态。校园制度文化属于校园范围内必须强制执行和严格遵守的文化类型，是依据国家的大政方针结合学校自身发展的实际情况，根据培养目标的规格要求，为完善师生管理而制定的各项规章制度及相应的组织机构，具有严格的规范性、组织性和秩序性。它主要包括学校的传统、各种校纪校规、教学及管理等规章制度，是维系高校正常秩序必不可少的保障机制。

4. 行为文化方面

行为文化是指学校师生在教育实践过程中产生的活动文化，是校园文化在全校师生身上的具体而生动的体现，主要是指师生员工的行为习惯、生活方式、各级各类社团组织建设等，是学校风格、精神风貌、人际关系的动态体现，也折射出学校的精神、学校的价值观等。具体建设方向主要是社团文化建设、实习、实践基地建设、科技创新等竞赛活动的组织等。

可见，校园文化的四个方面：物质文化、精神文化、制度文化和行为文化是一个相互融合、相互作用的有机整体。其中，物质文化和制度文化属于"硬文化"，是有形的、具体的，可以说是校园文化的"筋骨"；精神文化和行为文化则属于"软文化"，是无形的、抽象的，可以说是校园文化的"灵魂"。从它们之间的相互关系上看，以精神文化为主导的"软文化"对以物质文化为主导的"硬文化"具有较大的影响作用，物质文化所能发挥作用的空间，取决于其学校成员这个共同体所凝摄自固的文化本身所蕴含的精神文化展开的时空有多宽广；反过来，物质文化也会对精神文化起作用，影响着精神文化的发展。由此可见，整个校园文化必然以社会发展的大时代为背景，与社会的主流文化保持一致。高校校园文化主体的高层次性，使其具有了批判性和超越性的特征，并对社会的主流文化起着引导和促进作用，进而也使校园文化走在了冲击和变革传统文化的前沿阵地。可见，为响应知识经济对于创新人才的需求，构建具有创新导向的校园文化对于推动整个社会创新型人才的培养具有重大的示范和带动效应。

（三）当前校园文化的特点

随着我国改革开放和全球化步伐的日益加快，随之而来的文化多元化、意识形态多元化、生活方式多元化等，呈现由"一"到"多"的特点，且当下信息高速传播，渠道日益丰富，外来文化冲击着原有的文化模式和思维方式，使当下的校园文化呈现出新的特点。

1. 内容上，丰富性与复杂性并存

全球化带来了物质和文化上的极大丰富，新的观念和方法也随着文化一同被注入人们的生活。不同文化之间不可避免地互相渗透、吸取，这种互相吸收和补充，形成了"你中有我，我中有你"的局面。但这也对原有的文化观念提出了挑战。如何做好不同文化的相互融合，做出正确的价值判断，需要较高的判断力和分析力，这对个人素质提出了要求。当前在校的大学生正处在身心快速发展的阶段，他们涉世未深、阅历较浅，对很多社会现象还不能很好地把握，且极容易受鼓动和影响。加上国际上社会思潮的进入，这为学生的成长提供了机遇的同时，也给各高校提出了培养的难题。需要提升学生的文化甄别能力，这样才能尽可能地避免负面效应。

2. 文化理念上，开放性与传统性交融

校园文化作为校园里的一种精神文化，对学生的教育引导功能是十分明显的，因而它必须是在长期的实践检验中不断完善和延续而形成的。校园文化元素本身就包含了相对稳定和传统的成分，在历史的积淀中，逐渐被广大师生所接受，具有一定的社会影响力。但现代社会，新的文化思潮带来了与许多传统不太相同的理念，若一味地因循守旧，延续陈旧的做法，必然会和学生当下的生活理念发生冲突，容易遭质疑。校园文化必然要兼收并蓄，广泛吸收新文化理念，进行加工改造，以更具时代色彩的新形式出现，从而为己所用。因此，校园文化本身又必然具有一定的开放性，应主动融入学生的学习生活，实现双向互动。

3. 文化选择上，多元性与甄别性共生

当下的文化交融日益增多，学生在校园里接受各种文化气息的熏陶，思维活跃，长于思考，因此不同类型的文化在大学校园里很容易引起共鸣，产生作用。要进行选择，做出适宜的价值判断，学生必须进行全面的了解，凭借敏锐的观察力，通过缜密的分析，根据自身实际情况做出取舍，这样才能促进个人的健康发展。如先前在一些学生中出现的拜金主义、享乐主义等，即是对一些外来文化的盲目追求、片面理解、曲解和误解，形成的一种不良风气。在当前多元文化背景下，本土文化被越来越多的国外文化观念影响，不能简单地沿用和吸收这些异域文化，而要对其进行甄别。校园文化建设是对学生进行思想引领的重要方面，对学生的世界观、人生观和价值观有着深刻的影响。

4. 评价标准上，创新性与变化性相依

校园文化建设的目的是要实现育人的效果。不同的时代背景和社会需求，对人才的要求也是不同的。学校培育的人才要能适应社会发展、实现自我的完善，因此育人的理念不是一成不变的，要能与时俱进，适当地进行调整。当今社会，全球联系广泛加强，高新技术快速更新，经济发展日新月异，文化交融错综复杂，这对学校育人提出了更高的要求，要求高校培育出满足社会多元需求的复合型人才。这要求学生要有国际化视野，与经济全球化、教育国际化和文化多元化等时代特点相适应，全面提升综合素质。因此，校园文化的评价标准也会随之发生变化。

（四）校园文化在大学生思想政治教育中的重要作用

1. 校园文化是大学生思想政治教育的重要组成部分

校园文化具有整合、引导、塑造的作用，对大学生思想政治教育具有效果显著的影响力，是大学生思想政治教育的一个重要组成部分。

（1）校园文化有利于开发学生的创造力

大学作为思想最活跃、最富有创造力的地方，以及新知识、新思想、新文化的策源地，其创造力主要来自担当社会责任的知识分子群体追求真理、体现公平正义的社会理想，发挥着文化对社会进步的强大影响作用。文化可以作为维系民族、社团、集体的共同价值取向，使更多大学生在对这一共同认知的追求中，走向真善美。

（2）校园文化有利于引导学生不断进步

通过校园文化丰富多彩的方式，大学生可以得到精神上的熏陶和教育，从而帮助他们形成乐观自信、勤奋敬业、严谨笃学等优秀的人格品质。校园文化对勤奋、踏实、诚实、守信、敢于创新的良好学风，以及崇尚科学、严谨求实、善于创新的良好校风具有极为有利的促进作用。在良好校园文化的帮助和促进下，大学教育才能将其最大的作用发挥出来。

（3）校园文化有利于提高师生的凝聚力

在当代，这种崇高的精神境界就是"以人为本"的人文精神、"求真务实"的科学精神，"着眼未来"的超越精神和"自强不息"的奋斗精神。正是由于这些精神因素的存在，才能聚集成建设有中国特色社会主义的共同的理想，把师生的智慧和力量团结到构建和谐校园的共同事业之中。

2. 校园文化有利于推动大学生思想政治教育的不断发展

校园文化无论内容如何、形式怎样都必然是一种积极、向上，充满正能量的文化，这使得校园文化成为社会主义先进文化的一个有机组成部分。高校校园文化要吸纳中国传统文化中"和谐"思想的内核，承担起以社会主义先进文化来促进社会主义和谐社会建设的时代责任，积极应对和正确解决大学生学习、生活、交往等活动出现的新情况、新变化、新动向和新问题。比如同学间竞争合作关系，自身心理压力调整，个人消费差异带来贫富现象等一系列问题等，都需要有一个精神理念来统领人们在处理这些状况时的方式、方法。只有当"和谐"文化进入学生的认知视域，才能在理想、信念、成才和素质这些理论色彩强烈的主题教育前，有一种柔性的文化精神来驱动，真正解决好、处理好大学生的实际问题。

3.校园文化有利于引导大学生发挥主体作用

高校是全社会重要的文化区，高等教育关系着我国传统文化的传承以及新兴文化的传播，所以无论从传统文化的角度还是从新兴文化的角度来看，高校教育对社会文化的传承和传播都有着重要的作用。高校的教师是高素质的文化群体，对教育质量和教育效果有着直接的影响，他们的学识、举止、言行以及作风不仅对大学生自身起着示范作用，同时也对受其影响效仿学习的大学生周围的人起着积极的示范作用。

由于社会经历和经验的制约，大学生的世界观、人生观和价值观虽然已经基本形成，但是在对价值取向的判断上并没有真正成熟，容易受到朋友、环境等外部因素的干扰，导致认知和行为上的偏差甚至是错误。如果经过良好的校园文化熏陶，那么大学生进入社会之后即使仍然存在社会经验不足等问题，但是他们坚定、明确的人生追求和价值取舍可以帮助他们做出最正确的选择。另外，坚定的人生追求可以帮助大学生建立起强烈的自信心，并以饱满的热情和活力感染周围的同学和朋友，发挥自己在思想政治教育中的主体作用。

（五）校园文化建设的推进路径

当前，随着改革开放的逐步深化和高等教育发展的新形势出现，高校校园文化呈现出立体化、开放性。校园文化包括诸多的因素，如硬件建设的物的因素，教师、学生的人的因素，以及人与物、教师与学生的相互关系等，它是一种环境，也是一种氛围，是一种需要长期培育、苦心经营的教育氛围，需要多层次、多渠道进行建设，更需要学校各方面的共同努力。

1.加强各级组织领导

所谓大学校园文化建设的合力与共谋，除了内部合力问题之外，对于外部应该从两个向度予以考察：一方面强调大学校园文化建设要与外部环境相适应；另一方面还要强调外部环境促进大学校园文化的建设与发展。通过这样的厘清，我们发现，大学校园文化建设的合力与共谋必然是多方面、多层次、多角度的，并不是单打独斗，也不是闭门造车。所以，从大学自身、大学与政府之间、大学与社会之间的关系出发，必须强调各级组织领导与形成建设合力之间的必然关系，而理想的关系状态则是通过加强各级组织领导，共同促成合力的形成。

在社会资源整合方面，政府作用是绝不能被忽视的。在大学校园文化建设方面，政府可以从自身职能出发，利用间接的宏观管理方式促进其建设发展。具体方式包括：一是政策方式，即通过制定相关政策来引导高校进行文化建设的行为；二是经济方式，即在拨款、资助、投资、奖励和招标等教育经费分配过程中通过合理的倾斜来调整提高文化方面的投入；三是信息服务方式，即通过提供信息服务来使高校有选择地决策自己的行为；四是监督评价方式，政府教育部门通过检查、鉴定、评估等活动来对文化建设情况进行检查监督。只有内外兼修，调动多方面的积极性，才能整合资源，凝聚力量。

2. 促进大学校园文化协调发展

（1）建设校园物质文化

校园物质文化是学校内物质范围的文化层，"物质本身并不是文化，而这些物质的文化蕴涵在于这些物质都是由人创造的，是人们的精神世界的对象的物化，任何人造物上都蕴含着人们的某些思想、情感等精神内容"，所以它能给学校的教育工作及师生员工学习、生活带来不可忽视的影响作用。关于如何建设校园物质文化，我们应从以下两个方面着手：

第一，重视校容校貌建设。校容校貌建设包括学校的建筑风格、绿化美化的程度、自然风景特色、环境整洁水平、设备现代化层次等。校园内应有与本校相关的大家、名师的雕像，主题文化广场，校友捐赠的奇石，校园的花草树木，学校的文明标志牌等。校容校貌建设一方面能够通过治学前辈的名言在精神上激励大学生进一步前行，另一方面能够通过包括学校格局在内的各种"艺术精品"培养大学生的审美情趣，强化大学生辨别美的能力。

第二，注重校园人文环境建设。校园人文环境是高校师生共同创建的一种特定的精神环境和文化氛围。"大学之大，非大楼之大，乃大师之大。"大师之大总体来说就是校园的人文环境建设，大师的精神传递要通过校史、板报、宣传窗、校训标志、电子标语等方式向学生进行传播。所以校园的人文环境建设能够起到对师生的人文情趣的引导作用。

（2）锻造校园精神文化

高校校园精神文化是一所高校传承精神、学校风气的集中反映，是校园文化发展的最终结果体现出来的校园气质。学校通过各种载体和多种形式所倡导的价值观念、道德规范和行为准则，帮助他们树立坚定的共产主义理想信念，树立科学的世界观和正确的人生观、价值观，养成良好的道德品质和文明行为，以启迪、熏陶、感化和塑造等方式潜移默化地引导和规范学生的思想行为。

第一，逐步开展校风建设。校风建设作为校园精神文化建设和隐形制度文化建设的一项重大内容，对师生员工行为的巨大影响是无形的，是人们前进的内在动力。在校风建设的过程中，各级领导必须大力营造崇尚科学、严谨求实、善于创造、具有时代特征和学校特色的良好校园风气，在全体师生员工中形成坚定正确的政治方向，高尚的道德情操，严谨的治学态度，民主的学术空气，团结奋斗、勇于创新的开拓精神，严明的组织纪律，良好的教学和工作秩序，凝聚、激励师生员工奋发向上的校园精神等。教风建设是引导学校校风的一个重要内容。教师通过其职业道德、工作态度、专业知识、教学能力、教学方式的综合表现，对全体学生具有身教的重要意义，能够在无形之中实现道德育人的重要目的。学风建设是校风建设的主要组成部分，是大学生在学习上表现出来的精神风貌和行为作风。学风建设能够督促在大学生内部各个独立的群体之中形成一种积极向上的良好治学态度，激发学生参与学风建设的自主性，培养勤奋、严谨、求实、创新的优良学风。

第二，培育个性突出、特色鲜明的大学精神文化。大学精神是一所大学的灵魂，是一所大学体现出来的生命力、创造力和凝聚力的整体精神面貌。它是一所大学经过长期办学历史的文化积淀所形成的独特的精神特征；是一所大学的办学理念和价值追求，表现为大学的群体意识；是激励大学发展，提升大学办学水平的精神动力。一所大学精神的形成，同这所大学产生、发展的时代、独特的历史、地理环境、文化特色和师生的共同心理状态密切关联，是民族精神、国家意志、社会发展趋势与学术精神相互融合的结晶。大学精神是校园文化建设的提炼和升华，它贯穿校园文化建设的整个过程。没有大学精神的指导和支撑，校园文化建设是散乱和低层次的，缺乏系统性、继承性，只能流于形式。

（3）建设校园行为文化

加强校园行为文化建设是建设校园文化的重要内容，是坚持"以人为本"，贯彻落实科学发展观，构建和谐校园，进一步加强和改进大学生思想政治工作的重要载体。当前，社会对师生的道德要求越来越高，对校园人的行为形象期望也越来越高。因此，校园人必须通过加强校园行为文化建设，发挥校园文化的导向、凝聚、激励、辐射等功能作用，树立正确的价值观念，规范行为，激励人心，凝聚力量，促进人的全面发展，进一步增强校园生机活力，对建设高品位的校园文化具有重要而现实的意义。

第一，抓思想政治教育。思想支配行动，思想端正才能行为端正。要建设优秀的校园行为文化，思想政治教育工作尤为重要。学校要通过丰富多彩、行之有效的思想政治教育活动，教育和引导校园人树立正确的世界观、人生观和价值观，明确指出什么是优秀的校园行为文化，什么是不良的校园行为文化，使校园人在对行为文化的认知上达成共识。只有这样，建设优秀的校园行为文化才有了思想基础，才会有行为上的自觉。

第二，抓校园行为规范制定和实施。校园制度文化也是校园文化的一个重要组成部分。要根据时代发展的要求，结合学校实际，针对学校各级领导、教师、学生和员工的不同情况，制定切实可行的行为规范，从而为形成优秀校园行为文化提供制度保障。在执行行为规范时，必须强调其严肃性，并通过检查和考核来保证制度的有效实施。

第三，抓校园文化活动。校园文化活动是锻炼和提高校园人能力的重要手段，也是全面推进素质教育的具体实践。经精心设计的校园文化活动，内涵丰富，不仅能起到思想教育作用，而且对形成良好的行为文化起到其他方法难以替代的作用。校园文化活动要系列化、特色化、常规化，如升旗仪式、参观校史展览馆、校训宣讲、学唱校歌等教育系列活动，文化艺术节、科技节、体育节系列活动；演讲比赛、征文比赛、歌咏比赛教育系列活动，法制教育月、师德教育月、优质服务月等系列活动。通过一系列教育活动的开展，寓教于知识，寓教于竞赛，寓教于娱乐，陶冶校园人的情操，养成校园人的良好行为习惯。

（4）创设校园制度文化

校园制度文化是对高校师生的培养目标和发展方向提出的进一步规定和具体要求，它作为校园文化的内在机制，是维系学校正常秩序必不可少的保障机制，是校园文化建设的保障系统。高校校园文化建设特别需要进行科学的管理，最大限度地发挥校园文化活动的各种功能。

第一，加强制度建设。制度建设是文化制度建设的一个重要载体。学校各级领导对此项工作应该高度重视。在校园文化建设的过程中，各级党委要建立健全校园文化管理制度，建立健全校园文化评估制度，使学校各项工作有章可循。比如，进一步完善诸如《大学生守则》《教室文明公约》《先进宿舍评比细则》《文明行为公德》等规章制度，加强对大学生日常生活管理，引导大学生从身边小事做起，"勿以善小而不为，勿以恶小而为之"。守纪律，讲文明，遵守公共生活规则，爱护公共财物。杜绝"长明灯""长流水"现象。学校通过制度在日常生活中给学生的提醒和警诫，不断调整和提高他们的思想境界和行为责任能力，从而使依托于制度创设的校园文化内涵得到拓展，大学生思想政治教育体现出应有的价值。

第二，加大经费投入。校园文化建设需要一定的经费予以支持和保证，没有必要的经费支持，再好的办法和措施也难以实现。高校要把校园文化建设经费纳入学校预算，尽可能在人力、财力、物力等方面加大投入，确保校园文化建设的各项工作能够顺利开展。要采取有效措施，及时解决校园文化建设中遇到的实际问题和困难。

3. 积极推进校园网络文化建设

创新校园网络文化建设，可以在网上搭建活动平台，以丰富多彩、健康向上的校园文化活动为抓手，推动形成厚重的校园文化积淀和清新的校园文明风尚，使学生在校园网络文化中接受熏陶和文明风尚的感染。要注重大学自身文化精神特色的传承，大学精神是经过所在大学一代代学生的努力，长期积淀而成的共同的稳定的追求、理想和信念。它是大学生命力的源泉，是大学文化的精髓和核心所在，对大学生有着重要的思想导向作用。如校史具有代表性的和特殊意义的物、事、人，既是校园文化积淀发展的结晶，又是德育的重要载体，它们共同承载了学校的理念和辉煌，具有极高的文化内涵和历史背景。这些比简单的说教更容易被认同。高校要注重网络上大学文化精神园区的建设，做好学校标志性载体的网络化，通过网络平台介绍给学生，可以使校园网络产生亲和力和向心力，也可以起到良好的导向作用。

高校要用科学的理论武装大学生网民，用正确的舆论引导大学生网民，用高尚的精神塑造大学生网民，这一切都离不开优秀网络文化作品的介入。高校要结合学校的特色，积极挖掘和发挥优秀作品的武装功能、引导功能和塑造功能，把优秀的作品引入网络思想政治教育环节，用来鼓励和激发大学生网民的爱国热情和敬业精神，培养他们高尚的人格，促使他们树立崇高的理想，积极投身于社会主义伟大事业的建设中。优秀作品，不仅仅是指在网络上创作的优秀作品，还包括搬到网络上的优秀的书报作品和影视作品，包括文学作品、学术论著、多媒体课件、视频作品等。高校要为学生创造条件，利用网络开展丰富多彩、生动活泼的网上教育、交流、讨论等活动；要精心策划和开展融思想性、知识性、趣味性为一体的网上校园文化活动，如网页制作竞赛、网络道德问题辩论和网上论坛等；建设好融思想性、知识性、趣味性、服务性为一体的主题教育网站或网页。高校可以组成网络思想政治教育作品队伍，专门为网站创造和输送优秀作品。

三、社会实践

所谓大学生社会实践，主要是指以社会为课堂，由高等学校和社会有关单位对在校大学生共同组织实施的融思想政治教育、专业教育、素质拓展和社会服务等为一体的实践教育活动。"纸上得来终觉浅，绝知此事要躬行。"当代大学生的成长离不开社会实践的锤炼与洗礼。只有把校内理论学习与校外社会实践紧密结合起来，才能促进学生的全面发展。

（一）社会实践在高等教育中的作用

人才的培养是学校的根本任务，大学生的成长成才是高等院校关注的最基本的问题，是社会主义现代化建设做出贡献的人才所具备的条件，首先要了解并适应社会的需要。对于处于准社会化阶段的青年大学生来说，任何形式的教育活动都不如在实践中一边锻炼一边受教育来得深刻与有效。社会实践可以将书本中的知识与社会中的见识有机地结合起来，社会实践活动已经成为高校教育体系培养人的目标，对于帮助学生深入实际生活、了解社会发展和国情，对于加强学生的社会责任感、提高学生的社会适应能力，都具有十分重要的作用。

1. 服务课堂教育

"理论是灰色的，生活之树常青。"社会实践促使大学生将课堂里学到的理论知识转换成自己工作中的技能以及处世的方法与原则。一方面社会实践能够强化课堂教育对大学生产生的影响；另一方面也可以通过大学生在实践检验课堂教育中得出的成效，寻找课堂教育中存在的偏差与不足，从而起到服务课堂教学的作用。此外，在现实生活中往往存在的是课堂中的教育与社会现实产生的脱离与滞后的情况，社会实践的开展与进行可以给课堂教学带来真实的反馈信息，从而促进了课堂教育得到及时的调整以及对教育内容的改进，以适应实际发展的需要。

2. 提高大学生学习的积极性

大学生是社会实践中的主体，他们既通过社会实践来不断改造和完善客观世界，又可以通过社会实践来改造自己的主观世界。在社会实践教学中，他们可以创造性地运用在课堂上学到的理论知识来检验自己的知识水平以及各个方面的能力，看到自身情况与社会发展需要之间产生的差距，从实践中获得对客观事物、对社会以及对自身直接的认识。正如陆游所说的"纸上得来终觉浅，绝知此事要躬行"，社会实践能够给大学生带来最直观的感受，可以为大学生提供不断学习的动力，大大提高他们的学习积极性。

3. 促进大学生的社会化

在社会实践中可以借助社会产生的教育力量，促进大学生实现社会化。在社会生活实践中，大学生能够受到社会全方位的教育和锻炼，不但可以使自身的知识技能得到巩固、知识结构不断完善，而且可以检验自身的行为模式、价值观念中与社会文化不相协调的部分，从而纠正自身存在的偏差，及时内化社会认同的文化规范和价值准则，从而提高自己的生存环境和适应社会的能力，加速社会化，为将来真正走上社会之路做好充足的准备。此外，在社会实践活动中，大学生直接加入社会的各层次、各类型、各部门的人员中，打好交道，这些人员中既有与自己同龄的人，也有指导教师和其他社会人员。在这种情景下，其有利于大学生学习技能的提升，以及学会如何与同学分工协作、学习如何恰当地处理各类人际交往之间的关系，使大学生认识到与他人融洽、和谐相处的重要性，同时在与各类人员的交往学习过程中，帮助大学生认识自我，取他人之长补己之短，并在实践锻炼中树立团结、友好、合作的意识，不断提高自我、完善自我，做一个真正意义上的社会人。

4. 提高大学生思想认识

在社会实践生活中，大学生通过亲身体验从中获得最直接的感受，从直接经验上升为理性的认识，得以自觉树立正确的世界观、人生观、价值观。事实上，改革开放与社会主义现代化相结合的成果，大学生是最直接的受益者，但在和平环境中成长起来的一代大学生对此没有很深的体会。通过参加社会实践来补上这一课，大学生不仅能够加强对党的政策方针的认识，而且有助于加深对中国特色社会主义的深入理解，提高思想观念认识，坚定自我的理想信念，树立科学的学习态度、工作态度、生活态度。

自《关于进一步加强和改进大学生思想政治教育的意见》实施以来，各地各部门各高校"积极探索社会实践活动与专业学习相结合，与服务社会相结合、与勤工助学相结合、与择业就业相结合、与创新创业相结合的管理体制，不断增强社会实践活动的效果，使大学生在社会实践活动中受到教育、增长才干、做出贡献，增强社会责任感"。在高等教育中，社会实践是不可缺少的，它对课堂教育的补充与延伸功能具有不可替代的作用，为大学生坚定自我的信念、提高自身的能力以及完善知识，不断创新提供更多的锻炼机会，使其见识到更多的社会资源。自大学生社会实践开展以来，对于高校培养德智体美全面发展的社会主义新新人类，发挥出了重要的作用，在高等教育发展中产生了良好的综合效应。

（二）社会实践的主要种类

社会实践要实现规范化、制度化和规模化的开展，首先要针对社会实践所包含的类别进行分析，具体包括公益活动、实践教学活动以及社会考察等类别形式。

1. 公益活动

（1）开展公益活动的原则

义务劳动、公益服务对学生来讲，既是实践活动，又是教育活动，具有重要的教育价值。开展义务劳动、公益服务应注意以下几个原则：

①单项义务劳动与多项公益服务相结合。这就是结合新时期的要求，结合改革开放的时代特点，将单纯劳务性的服务同智力服务结合起来，广泛开展知识咨询、生产咨询、技术服务等活动。

②短期分散的公益服务与经常化、制度化的公益服务相结合。如在开展军学共建、厂校共建等活动时，力求做到定人员、定项目、定任务、定时间、定对象，具体措施要落实，并且定期检查义务劳动和公益服务的情况，发现问题及时解决，使活动常年开展下去。

（2）开展公益活动的做法

开展义务劳动、公益服务不仅要从活动的广度、活动的方式上不断深化，更要在活动内容上下功夫，具体讲有以下三种做法：

①根据对青年学生进行思想政治教育的具体要求，选择恰当的活动形式。如对学生进行艰苦奋斗精神的教育，可在假期组织学生参加重点工程建设工地的劳动；进行集体主义教育，可组织学生开展以美化校园为主要内容的公益劳动；等等。总之，要注意把教育寓于活动之中。

②从小事着手，从具体事情抓起，循序渐进地开展活动。例如建立"青年服务队"，组织学生在校内开展为教职工提供生活服务、美化和绿化校园等活动，使学生从点滴做起，在潜移默化中接受教育。

③从实际出发，避免形式主义。选择公益活动、义务劳动内容必须从实际出发，结合学校的教育主题，同时考虑学生的承受能力，避免走形式。要在活动中注意三个服务：为社会主义经济建设服务，为生产服务，为青年的成长需要服务。

2. 实践教学活动

（1）实践教学活动的意义

大学生所进行的基本工程训练是非常重要的，不仅可以使学生具备较强的工程操作技能，而且通过劳动实践还有利于引导学生走与工农相结合的道路，克服学生中存在的脱离工农、脱离实际、脱离国情的现象。实践教学活动使大学生在知识、能力、思想、作风等方面都得到了锻炼和提高。

①深化了工艺知识、提高了操作技能

学生不论参加哪种形式的培训，一般都是结合真刀真枪的生产任务进行的，一方面必须严格遵守生产工艺规程；另一方面，由于在实践教学中都把自己置身于生产环境中，而生产加工中必定会出现许许多多的具体困难，解决加工中出现的问题需要合理的工艺方案和正确的操作方法，学生在经常反复解决这些问题的过程中便丰富了工艺知识，熟练了操作技能。

②接触实际，了解社会

学生以工人的身份来到车间，在与工人技术人员朝夕相处、共同完成生产任务的过程中，了解社会。

（2）实践教学活动的内容和组织

教育体制改革以来，实践教学活动的建设与改革越来越受到各院校的重视，内容不断充实，形式更加丰富。这里，我们着重介绍其中四种主要的实践教学活动形式及其组织方法。

①生产实习

生产实习在实践教学环节中占有很重要的地位，是学生在大学四年中与专业知识结合最紧密的实习，也可称专业实习。生产实习的效果直接影响学生实际工程素质能力的培养。同时生产实习也是学生在大学期间接触社会、接触生产实际、接触工人、了解工厂、了解国情最好的时机。

②电子工艺实习

随着科学技术的发展，电子技术更广泛地应用到各个领域，为适应这一发展，高等工科院校几乎所有的专业都设置了电子技术课，这是实践性和应用性很强的课程，需要学生掌握布线、焊接、装配、调试维修以及电子产品的工艺设计等方面的基本技能。实习内容分为讲授工艺知识和训练动手操作两部分，学时比约为 1：3，通过实习课，学生初步接触电子产品的生产实际，了解和掌握一般电子工艺知识，培养一定的电子工艺操作技能；通过实际操作，学生培养了工作作风和学风；通过产品制造，他们培养了事业心和工作责任感，从失败中体会到没有严谨的科学作风将一事无成，从工人师傅的认真教学中感受到向工人师傅学习的必要性。

③论坛活动

紧密围绕大学生思想政治素养的培养与提升这一核心，设计关于时政论坛、名人名师大讲坛、学生制作等一系列的社会实践活动。大学生时政论坛这一项目设计的宗旨是：通过实践活动，潜移默化地引导大学生自觉地践行社会主义核心价值体系，积极培育社会主义核心价值观；通过班、系、院三方举办时政论坛，主题涉及广泛，参与的学生具备一定的时政知识背景，关注国情发展；通过进行论坛的角色扮演，进行多方观点的交锋，提高大学生的思想素养和政治觉悟，促进大学生树立正确的世界观、人生观和价值观。

④法律研习沙龙

模拟法庭应当取消日常案例讨论，开设法律研习沙龙。日常案例讨论在一定程度上有利于同学们对法律知识有所了解并产生一定的兴趣，但是它同时暴露了很多缺点。案例讨论很容易让参与者对法律知识停留在"了解"和"兴趣"层面，仅能够知其大概却不求甚解；同时，仅仅通过案例讨论的方法对法律问题进行研究和学习，显得有些单调乏味。而开设法律研习沙龙，意味着日常活动将不再局限于以往的"案例讨论"，将开设许多专题活动，例如，"庭审专题""证据专题""行政专题"，在每个专题活动的下面又会有很多小专题会，如"庭审专题"可以分为"民事案件审判专题会""刑事案件审判专题会""劳动仲裁专题会"等。

3. 社会考察

（1）大学生社会考察活动的形式

组织大学生进行社会考察活动，必须结合大学生实际，注意采取多种形式。归纳起来，这些形式主要有以下七种：

①到工厂、农村进行参观

了解我国改革开放以来取得的辉煌成就，用强有力的事实加深大学生对党的方针政策的理解，增强大学生同党中央保持一致的自觉性。

②利用假期组织大学生进行社会调查

组织"社会主义在中国""党的光辉历程""好儿女志在四方"等多种形式的考察团，分赴祖国各地的一些典型地区和单位进行学习、考察、实践，增强大学生的社会主义信念和社会责任感。

③开展对英模人物的走访活动

通过学习先进人物的优秀事迹，了解先进人物的思想境界，激励大学生立志干好平凡工作，在自己未来的工作岗位上为祖国、为人民奉献青春。

④开展"与家乡通信"的活动

组织大学生通过书信来了解家乡、了解社会，是社会考察的一种特殊方式。它使身在城市、身在校园生活的大学生能够通过各自的通信和相互的交流，广泛了解社会的变化，从而达到"收到一封信，教育一大片"的效果。

⑤开展以祖国山河为对象的考察活动

以伟大的民族、悠久的历史、丰富的资源和美丽的山河等为专题，通过考察，大学生可以学习历史和地理知识，了解中华民族灿烂的文化，增强民族自豪感。

⑥结合专业进行社会考察

首先请专业教师介绍本专业的发展状况。大学生通过考察了解本专业在社会上的需求程度以及在社会主义建设中的地位和作用，从而调动学好专业知识的积极性，为更好地成才打下基础。

⑦寻访革命前辈活动

组织大学生赴老区访问革命烈士的亲属，搜集、整理烈士事迹，从中接受具体深刻的革命传统教育。

（2）开展大学生社会考察活动的基本原则

①结合大学生思想实际的原则

大学生中出现了什么样的思想倾向，通过分析和论证，如果觉得有必要和可能，就确立什么样的调查主题，进行相应内容的调查，做到对症下药，有的放矢。

②着眼于启发自觉性、贯穿自我教育的原则

大学生热衷于独立思考，社会考察为此提供了一个极好的机会和条件，鼓励他们自己座谈访问，编写材料，谈感想及体会。

③社会考察与为群众服务相结合的原则

考察的过程就是实践的过程，要引导大学生把知识、技术贡献给被考察的单位和群众，为当地创造出实际的经济效益。

④精心组织、精心领导的原则

这是在社会实践中贯彻"受教育、长才干"原则的必然要求，主要抓住四个环节：准备环节、拟好考察提纲环节、总结汇报环节、宣传环节。每个环节都要精心安排，细心实施。

第二节　大学生思想政治教育载体的优化

思想政治教育载体的设计运用，体现着时代的要求，是人们生存与发展方式变革的表现和反映，在社会发展的不同阶段，其种类和形式并不是固定不变的，伴随着社会的发展、科技的进步以及思想政治教育学科自身的发展，将会形成具有时代特征的载体形式。

新媒体作为当代最具有革命性的科技成果之一，以一种全新的信息传播方式加速了思想政治教育的知识传播，更好地满足了思想政治教育者和受教育者之间双向互动的需要，不断地推动着思想政治教育发展完善。

一、微博——充分发挥自媒体的教育作用

微博时代给大学生思想政治教育提供了崭新的环境和平台，拓展了现有的网络思想政治教育领域，提升了大学生思想政治教育的影响力。如何把握微博这一新媒介，利用微博加强大学生思想政治教育是当前大学生思想政治教育应当思考的一个重要问题。

（一）正确认识微博，树立发挥微博教育功能新理念

微博的快速发展，不仅见证了传播技术与传播手段的创新，更意味着思想教育、政治传播、意识形态建构的目标群体越来越庞大，领域越来越广阔，方式越来越灵活，监控越来越困难。这就要求高校的思想政治教育一定要深入研究微博的教育和传播功能，充分发挥微博的思想政治教育作用，提高大学生的思想道德水平，树立起正确的世界观、人生观和价值观。

从一定程度上来说，以微博为代表的"微时代"的来临，对传统思想政治教育者的信息传播主导权和话语主导权，都造成了一定的削减。因此，新时期的思想政治教育工作者要解放思想，不断与时俱进，看到微博在教育方面的优势，树立全新的教育理念。大学生思想政治教育者，应开通个人的微博，将社会主流文化融入微博文化建设中，充分发挥微博对于社会先进文化的传播作用，在微博空间中营造主流文化的舆论环境，扩大个人微博的影响力。一方面，思想政治教育工作者对多元化的思想应给予包容和理解，对学生进行心理疏导，让学生感受到人文关怀，学习微博中的积极态度，丰富自身的语言体系，提高思想政治教育的感染力；另一方面，由于微博对于信息的传播速度很快，交互性也很强，从而通过微博这一媒介载体，可以强化正面观念和情绪，亦可以使得负面观念和信息得到传播和放大。这种双面性使得思想政治教育工作者必须积极主动"介入"，对于传播的规律进行积极研究，及时发现微博中的负面观念和情绪，对其进行消灭，从而切实提高思想政治教育的实效性。

（二）积极创建微博，构建思想政治教育新平台

当前，大学生思想政治教育过程中并没有充分挖掘出微博在其中所产生的巨大作用，很大一部分大学生思想政治教育者往往忽视了大学生思想政治教育中微博所产生的巨大影响，因此也就没有探索出利用微博进行思想政治教育的实践载体。对高校来说，必须科学、及时创建微博平台，并且保证微博平台的运行和维护，主动经营微博阵地。更重要的是要把学生微博与大学生思想政治教育有机融合，将主流意识形态和核心价值观教育科学地渗透到微博中，采用隐性方式对学生进行思想政治教育。

（三）科学使用微博，正确引领微博舆论导向

由于微博在大学生群体中使用广泛，从而引发了校园舆情形成、发展和传播的新趋

向，从一定程度上对于大学生思想政治教育的舆论文化和社会心理都产生了直接或间接的影响。对此，为了切实提高大学生思想政治教育的实效性，思想政治教育工作者应该积极适应大学生，学习创建微博并正确使用，从而在与学生进行交流沟通的过程中，发现学生个性化语言中所包含的思想态度和价值观念，体察学生群体丰富的内心世界和社会心理状况，引导学生主流意识形态的形成。

此外，大学生思想政治教育还应建立舆论监测和信息反馈机制。由于通过微博这种媒介传播的信息其速度和广度都是非常快和大的，可能一个不经意的消息通过微博就会在学生群体中产生非常大的影响。对于这种情况，校园舆情监测就会起到非常重要的作用。高校的宣传或学生工作部门，就要对校园的微博网络进行分类管理和全面识别，全面分析用户数量、信息流量、舆论内容等信息。

二、网站——建设大学生思想政治教育网络基地

主题网站是我们党舆论宣传的重要平台，是进行大学生思想政治教育的前沿阵地。目前，我国存在着各级各类的以思想政治教育为主题的"红色网站"。但从调查的情况看，这些"红色网站"的点击率普遍偏低，大学生群体中经常使用"红色网站"的人数不足一半，教育效果不尽如人意。

要建设好大学生思想政治教育主题网站，必须在以往思想政治教育主体网站建设经验的基础上，首先，对主题网站我们必须做到办网目的明晰，办网思路明确，发展定位科学。用先进的思想文化占领高校网络文化阵地，大力传播积极向上的主流文化，这是我们建设主题网站必须始终坚持的导向和原则。高校不断探索、分析、研究社会中出现的各种新情况、新问题，用科学的理论引导网络舆论，让各种先进的思想和文化在校园网上唱响主旋律，打好主动战，及时组织和发布信息，使主题网站成为以传播社会主义核心价值观和先进文化为主的重要载体。其次，在增强吸引力方面不断完善主题网站的内容和形式。严谨性、严肃性、思想性是对思想政治教育主题网站中内容的具体要求，但是为了增强吸引力，就必须针对大学生的特点增强内容的生动性、多样性、趣味性，以使大学生更容易接受，所以要处理好两者之间的矛盾，就要针对思想政治教育的主要内容进行精心编排，在网站上从形式和内容两个方面改造严谨的思想政治理论，使其变得更为深入浅出和生动活泼，增强主题网站吸引力。

网站建成之后是需要用户的访问的，没有或很少有用户访问的网站是没有意义的。网

站访问量的多少与很多因素有关，首先与网站内容的质量有着直接的联系，其次与网站的宣传和推广也有很大的联系。在网站的宣传上，我们至少可以从以下四个方面入手加大网站的知名度：其一，在用户访问网站的时候，提供实现将用户浏览器的主页改为德育网站的首页功能；其二，在积极推广开发本网站的时候，可以和其他较为著名的相关网站合作，扩大知名度，例如，可以向中国大学生在线、中青在线等知名网站投稿，不仅可以在其他的网站上进行德育工作，更可以宣传本网站；其三，向互联网上的导航台提交站点的网址和关键词，以便受众能够尽快找到网站；其四，可以利用网站的名义举办各种有关德育的特色活动来提高网站的社会影响。

网站在建设完成之后，除了要进行积极的宣传推广之外，网站的维护工作同样不可缺少，特别是在现代信息社会。在进行网站维护时，至少需要做到以下三点：其一，在网站硬件和软件的选择上，网站为了确保访问顺利畅通和网络系统的安全，需要配置先进的网络服务器和网络运行软件，并建立高技术平台；其二，在建设与使用理念上，要做到边建设、边使用、边完善，建设与使用同步，实现网站建设与使用的良性循环；其三，在内容的选择和更新上，建立与师生的动态沟通，根据反馈结果，及时更新网页内容，改变网页形式，进而提高网站的吸引力和点击率，保持网站的生命力。

三、QQ、微信——巧妙运用即时通信工具

（一）充分利用QQ平台加强大学生思想政治教育

1.QQ可以缩短师生之间的空间距离，增进彼此了解

通过QQ平台的连接，可以缩短师生之间的空间距离，建立起融洽的师生关系，防止因空间地域的差异而对师生之间的交流造成阻碍，通过网络可以实现随时随地的交流沟通。在网络时代，教师在课余时间进行备课或学术研究工作的主要辅助工具为电脑，而学生也会经常利用电脑或手机上网，从而使师生之间的交流沟通更加便利。因此，可以说在现代大学生师生之间交流的最佳方式是通过QQ工具实现的，它的重要性和广泛程度已经远远超过了师生之间的亲身交往，从而对于师生间的交往不仅克服了空间距离，还大幅减少了时间损耗。只要教师在网上，学生随时都可以利用QQ和教师"面对面"交流，教师也可以利用QQ对学生的疑问进行解答，帮助学生解决思想的困惑、学习的困难、生活的困境。

2.QQ可以拉近师生之间的心理距离，打开学生心扉

日常的学习生活中，很多同学一听说教师找他就紧张，担心自己是不是犯了什么错误，

恐惧感就不自觉地产生。这种传统的师生之间的交流方式都是点对点、面对面的交流，在这样的环境下，学生无法全部敞开心扉，表达其真实想法，彼此之间的交流一定具有保留性。此外，学生的一些隐私或者其他问题，他们有时碍于面子难以启齿，给师生之间的坦诚交流设置了一堵无形的墙。

在 QQ 上交流则不同。QQ 因其具有匿名性、隐蔽性和无约束性，从而导致学生不用顾忌现实世界的困扰，他们在虚拟空间上能够放松心态吐露自己的心声，把自己的真实想法表达给倾听者。再者，在 QQ 中，教师通过设置个性化的网名，特别的头像，并且在与学生沟通的过程中可以使用一些诙谐的 QQ 表情、轻松幽默的语言、只可意会不可言传的QQ 图像等，使得教师在学生心目中的形象不再那么严肃，而是亲切可爱，从而大大拉近师生之间的心理距离，能够更容易获得学生的认同。这样的表现无疑可以使彼此之间袒露真性情，甚至可以无话不谈，进入更深层次的精神交往，可以使教师能及时地了解学生的真实想法，从而帮助学生解决思想和心理问题，对他们进行正确引导。

3. 尊重聊天对象的性格爱好，做到因材施教

作为教育工作者，在与学生的交流中，首先，要做到尊重学生。尤其是在网络交往中，虚拟性与现实性并存，导致很难分辨出真实信息与虚假信息，同时由于网络的开放性，网络交流内容很容易泄露出去，从而造成严重后果。因此，对于在与学生交流沟通的过程中那些涉及学生个人隐私的聊天内容，教育者必须尊重学生，慎重对待，不可随意外传。而且教师在与学生聊天的过程中，要以平等和关心的态度对待学生，语言运用要得当，语气和善，做到充分尊重学生。其次，由于网络语境和现实语境有很大的不同，因此教师在与学生进行网络沟通的时候必须多方面了解网络交往规则和网络语言的使用特点，减少与学生网上交流的障碍。最后，教师在与学生交流之前，应该了解一些学生的个人信息、空间日志等资料，尽可能熟悉学生的性格特征、兴趣爱好，这样能够做到因材施教，对于与学生展开深入交流是大有帮助的。

（二）开通微信交流平台，抢占思想政治教育阵地

随着网络的迅速发展，使用微信进行免费的即时信息推送与语音对讲等功能已经成为多数年轻人生活中必不可少的一部分，通过微信这一平台，大学生在思想政治教育过程中的交流是平等的，而且受到教育的效果也是快捷高效的。以学院或者班级为单位在微信上组织交流群，师生可以通过手机将所遇到的热门话题进行实时互动，及时进行交流和探讨。除此之外，将学校作为一个更大的单位群体创建微信平台，与校园文化相关的文章推送给

相关关注者，图、文、声并用，用丰富多彩的形式宣传主流意识形态，抢占大学生思想政治教育阵地。

四、手机媒体——充分挖掘智能通信工具的作用

手机媒体是以移动终端（手机）为媒介，以通信网络为基础，以双向或多向互动为主要传播方式进行信息传播的新媒体，是通过手机进行信息表示和传输的载体。

（一）重视手机媒体作用，增强引领的导向性

大学生思想政治教育在树人、育人的过程中，既要注重互动性、针对性，也要重视信息传播媒介的导向性、理论性。深入了解不同教育对象的实际认知能力、道德水平和思想状况，有的放矢地引领、疏导其提升境界、树立信念，通过增强引领的导向性来提升思想政治教育的实效性。

要在全社会范围内建立信息平台，引领正确舆论导向。国家机关、政府机构、社会组织必须充分认识到手机媒体在思想政治教育中的引领作用，在全社会范围内建立广泛的信息应用平台，以现代信息技术为先导，提高信息加工处理和反应速度，扩大信息传播的覆盖面积，凝聚力量、鼓舞士气，增加思想政治教育的控制力和主动权。同时，也必须认真考虑青年一代的各方面需求，在大学生思想政治教育过程中调动青年人的积极性和参与性，在教育者和受教育者之间营造出平等、开放、互动、共享的教育氛围，充分发挥手机媒体的舆论引导功能，将社会主流文化渗透其中，弘扬社会正气。

（二）聚焦大学生主体地位，倡导健康文明的手机文化

大学生是校园活动的主体，要重视大学生的主导地位，给予其充分的尊重，通过手机媒体的运用，实现教师与学生之间的平等沟通与交流。此外，高校要重视校园内的手机文化建设，构建独具魅力的手机文化环境，倡导积极健康的手机媒体运用。高校应组织其文明向上的手机文化交流活动，促使大学生提高自身的文化和思想道德修养，防止不良信息的侵蚀，树立积极向上的生活态度。

（三）建立宏观监控管理，提高手机媒体社会责任感

由于手机本身所具有的特点，手机所传播的信息纷繁复杂，良莠不齐，在大学生群体中手机传播的内容一部分存在极大的负面作用，对大学生的思想和行为产生不良影响。对

此，相关部门必须加强对手机媒体的监管，建立宏观监管机制。

一方面，手机媒体行业必须加强自我监督、自我管理，完善行业自查机制。手机媒体行业必须严格制定和执行行业规范，加强自我监督、自我管理，从源头入手，清除虚假信息、黄色信息等不良信息。与手机媒体相关的各方力量，比如监察部门、运营商、代理商及手机用户，也应从技术、法律、道德等层面对手机媒体行业进行监督管理，积极贯彻执行监督管理条例，为手机媒体行业的健康发展贡献自己的一份力量。

另一方面，手机媒体的社会责任感亟待提高。政府部门必须建立健全手机媒体行政管理机制，加强手机媒体领域的社会责任意识、道德意识和法律意识。手机媒体行业则需要加强从业人员的社会道德和职业道德建设，主动接受有关部门和手机用户的监管，勇于承担净化手机媒体传播环境、维护公共信息传播秩序的责任，履行保障手机媒体安全、稳定、有序发展的社会责任和义务。

第四章　大学生思想政治教育的机制保障

第一节　育人渗透机制

一、宿舍导师制培养机制

目前，我国部分高校已实行了本科生导师制教学模式，但很多高校仍未实行这一教学模式。为适应我国高等教育向应用型人才培养模式转型，实现高校立德树人的根本任务，满足当代大学生成长成才需求，未建立本科生导师制教学模式的高校须建立宿舍导师制人才培养模式，导师制是对学生的学习、思想及生活等方面进行个别指导的一种教导制度。本文中的高校宿舍导师制是指由专任教师自愿报名并经过学校审批担任本专业某个年级某个宿舍学生的导师，负责对本宿舍学生的思想、学习、生活等方面进行因材施教、个性化指导与建议的一种人才培养制度。

（一）高校宿舍导师建设的现实诉求

1.高校向应用型人才培养模式转型，大学生成长需要更为专业的指导

当前，我国高校正在向培养应用型人才模式转型，社会、高校对教师及学生提出了更高的要求。教师如何育人？大学生如何成长？这就迫切需要加强教师与学生的交流，即建立宿舍导师制人才培养模式，坚持以生为本，加强沟通，开展民主性、协商性的交流，激发双方的主动性，促进导学关系的良性发展。导师为本宿舍学生建立个性化培养方案，激发学生的潜能，全面提高学生的综合素质，导师也在交流过程中，不断完善自我。根据培养应用型人才的要求，高校宿舍导师要将理论教育与实践教育有机结合起来，在对学生开展教育和指导的同时，要鼓励本宿舍学生多参与社会实践活动。高校宿舍导师指导学生参与科研课题的研究，提高他们的科研能力，培养其对本专业的热爱及了解本专业的前沿动态。同时，高校宿舍导师可以带领自己的学生参加社会实践活动，参与社会调研，引导他们将理论知识运用到社会实践活动中，提高他们的社会实践能力，培养他们的创新意识。师生的良性导学模式，可以促进应用型人才培养模式的转型。

2.学生宿舍各类心理问题层出不穷，需要宿舍导师予以引导

大学教育从精英教育向大众化教育转型，使不同层次、不同阅历的学生进入大学校园学习、生活。他们中有些人承受力差、缺乏意志力、独立能力较弱、适应能力差、盲目攀比、依赖性强、自卑、任性等，这些都使得大学生存在着各种各样的心理问题。加强大学生的心理健康教育，尤其是通过宿舍导师予以疏导显得尤为重要，既可以有效控制宿舍各类冲突的发生，又可以使学生乐观地面对学习及生活。

3.辅导员配备不足，工作繁杂，无法满足当代大学生行为举止的内化需求

按照教育部的要求，辅导员与学生的配备比为 1：200，但在现实工作中，尤其是西部地区高校很少能达到这个配置，往往在 1：300 左右。此外，辅导员往往承担着资助、就业、团学、党建及日常事务等多项工作，工作繁杂，他们尽管将学生思想教育放在第一位，但无法满足当代大学生的行为举止的内化需求。如作为一名一线专职辅导员，每次开会都再三强调安全方面的教育尤其是宿舍火灾隐患的排查工作，但每次走访宿舍还是能看见一些宿舍在使用大功率电器。如果能在宿舍配备导师，通过导师实施全面教育、个别指导，一定可以使学生树立安全意识，规避自身不合理行为，防患于未然。

（二）高校宿舍导师的角色定位及特点

1.高校宿舍导师与辅导员之间的角色定位及职责

高校宿舍导师负责对本宿舍学生的思想、学习、生活等方面开展因材施教的个性化指导，提高他们的思想道德素质，巩固他们的专业基础知识，加强他们的社会实践能力。

高校宿舍导师需要与辅导员之间进行角色定位与职责划分。

首先，高校宿舍导师要经常深入学生宿舍，了解学生的日常生活，关注学生的身心健康，关爱学生成长，端正学生的行为举止，指导学生开展专业学习、课外实践及职业生涯规划，帮助学生形成良好的道德品质、职业素养及专业技能等应用型人才须具备的各类素质。宿舍导师往往通过对学生的了解，从学业指导、人生指导给予所带学生帮助。《教育部关于加强高等学校辅导员班主任队伍建设的意见》指出：辅导员、班主任是高等学校教师队伍的重要组成部分，是高等学校从事德育工作，开展大学生思想政治教育的骨干力量，是大学生健康成长的指导者和引路人。辅导员主要负责学生的思想政治教育工作和日常事务的管理工作。

其次，高校宿舍导师与辅导员的配备比例不同。高校宿舍导师的配备比例在 1：8，而辅导员的配备比例为 1：200。

最后，高校宿舍导师与辅导员同属于所在院系，但归口不一致，高校宿舍导师应由教

务处统一管理，辅导员则由学工处（部）管理。

2.高校宿舍导师的特点

第一，以宿舍为单位进行指导，因材施教，教书育人。高校宿舍导师以宿舍为单位，开展学业、思想、生活的指导工作，将共性教育与个性教育紧密结合在一起，在了解整个宿舍特点的基础上，熟悉每个学生的特点，因材施教，个性化地教育引导。在共性方面，针对00后大学生的迷茫与困惑给予专业性的答疑解惑；针对不文明、无视安全的举止予以教育指正。在个性方面，熟悉本宿舍每个学生的兴趣爱好、性格特点、思想动态、身心健康状况及学业情况等，因材施教，个性化地予以指导，培养学生的专业兴趣，挖掘学生的潜力，激发学生的创新能力，指导他们完成学业规划，全面提高大学生的综合素质。

第二，立德树人，以生为本，培养应用型人才。立德树人是高等教育的根本任务。高校宿舍导师的出现顺应了这一任务的要求，导师将教书与育人有机结合起来，在传授学生专业知识与专业技能的同时，教育学生如何做人，培养学生良好的思想道德素质，坚持以生为本，用关爱排除大学生的心理困扰，用情感支持防治学生的网络沉溺，通过耳濡目染的方式传授学生知识，影响学生的人格。导师就是要通过自己的人格魅力及潜移默化的方式教育与引导学生，进而使学生能够成为德才兼备的应用型人才，为实现高校立德树人的根本任务做出积极贡献。

第三，建立良好的导学关系，实现师生"双赢"。作为宿舍导师，会经常通过宿舍走访、谈心、网聊等形式与学生进行面对面、线上线下的沟通和交流，导师以生为本及民主协商的态度，使得师生之间建立了良好的感情，激发了彼此沟通的主动性，进而形成了良好的导学关系。导师的指导与建议，帮助学生完成学业规划及人生规划，为学生指明了方向，提高了学生的综合素质，使学生养成和形成良好的生活习惯、高尚的道德品质、较强的心理素质及文明的行为举止。同时，导师在与学生沟通的过程中，加深了对00后大学生的进一步了解，也会根据学生的需求，及时审视自我，修改教学计划，改变工作方式，弥补不足，完善自我。可见，良好的导学关系使得师生互助提高，教学相长，获得双高。

（三）构建高校宿舍导师建设路径

在未实行本科生导师制的学校，试行高校宿舍导师制，须在小范围探索经验、发现问题、及时纠正、减少失误，积累经验后再大范围推行。

1.建立选拔准入机制

高校宿舍导师应由教务处组织专门的科室进行归口管理，负责高校宿舍导师的选拔、培训、指导、考察及考核。严把入口关，将思想政治觉悟高、专业素质好、业务能力强及责任心强等各方面优秀的专任教师选入高校宿舍导师队伍,加强管理,增强他们的服务意识、责任意识,锻造一支专业化的高校宿舍导师队伍,从大学生的"小家"抓起,从微观入手,深入学生内心,逐步提高大学生的整体素质,进而加强应用型人才的培养。

2. 建立考核评估机制

建立高校宿舍导师的考核评估机制,规定导师具体职责,确保宿舍导师建设的良好效果。建立高校宿舍导师考核档案,定期评选优秀导师,举行表彰活动并大力宣传先进典型事迹,将优秀的宿舍导师作为高校教师学习的榜样,将高校宿舍导师的表现作为绩效考核、职称评审、岗位聘任及表彰奖励的依据,并在科研、进修、晋升等方面给予优先考虑。同时,可将高校宿舍导师深入宿舍、带学生参与实践活动的时间折合成相应的课时量发放必要的津贴,建立相应的激励制度,以调动导师的工作热情及工作积极性。

3. 建立沟通保障机制

通过教务处制定导师例会制度,使得全校导师能够相互沟通、相互促进。通过各院系搭建高校宿舍导师、辅导员、班主任的沟通平台,建立定期例会制度,互通消息,发现问题及时予以解决,并可根据会议中涉及的学生事宜进一步商定例会的规格及参加人数,宿舍导师、辅导员、班主任要明确各自的职责。高校宿舍导师要经常深入学生宿舍,关注学生日常生活,端正学生求学态度,关心学生身心健康成长,要根据应用型人才的培养要求,引导学生建立学业规划,帮助学生构建合理的知识结构,提高宿舍学生社会实践能力,帮助其成长为符合社会发展要求的综合素质较高的应用型人才。

4. 监督机制

高校要有一定的经费投入与保障,成立校级与院级两级管理模式,校级管理机构(应由教务处牵头)负责宿舍导师相关条例的制定,负责导师的选拔、考核、培训、评优等工作,保障宿舍导师的基本福利待遇;院级管理明确导师的具体任务与分工,负责提供本院内部导师与辅导员、班主任的交流平台,负责提供给导师更好的学生学习及实践的环境。在监督体系中,学校可以建立五级监督体系,即学校监督、院系监督、导师互相监督、辅导员监督及学生监督。学校通过随机抽查、案例分析、互动交流等方式,指出宿舍导师的不足之处;院系通过调查与走访学生、导师互评及匿名等方式对宿舍导师进行监督;宿舍导师之间可以互相监督,了解彼此之间与学生沟通的方式,互通有无;辅导员在对学生进行整体的思想政治教育及管理的同时,可以间接了解宿舍导师的教育方式及效果,进而向院系领导反映;学生通过与导师的沟通,开展对导师的自我评价及反馈。五级监督模式将发现的问题及时解决,达到监督效果。

建立高校宿舍导师制人才培养模式是一项长期工程，适应了高校人才培养改革的形势，适应了培养应用型人才的需要，适应了高校立德树人根本任务的需求，高校宿舍导师对大学生进行因材施教的个性化培养，充分挖掘了学生的潜力，提高了学生的整体素质，弥补了部分高校辅导员配备不足及专业教师教育不到位的现象。高校宿舍导师制人才培养模式应通过实践的论证不断加以完善，逐步实现立德树人的根本任务。

二、大学生媒介素养提升机制

自媒体时代，新闻传播以个性化、平民化、即时化、自主化为特点，以信息的普通民众自主提供与自主分享为核心，以 E-mail、网络论坛、博客、微博、微信、QQ 空间、人人网等社会媒体为载体，对政治、经济、社会等各个方面产生极大的影响。自媒体时代的信息传播是一种无屏障的突破时空限制的媒介信息传播，每个人都可以成为媒介信息的接收者、创作者和发出者，这就要求受众具有较高的媒介素养，辨别真伪信息，传播正能量。社会媒体强调"围观就是力量"很多事件由于网民的围观，迅速成为社会的焦点事件。大学生作为网民的主要力量，正处于思想活跃、易接受新鲜事物且容易被利用的关键时期，其媒介素养的高低影响到社会的舆论倾向、社会的安定团结及校园的安全稳定。鉴于此，提升大学生的媒介素养迫在眉睫。

（一）提升大学生媒介素养的必要性分析

当前，每个人都可以主动地成为媒介信息的使用者、接收者、创造者和传播者，这就需要人人具有较高的媒介素养，具有基本的选择、辨别、制作信息的能力及善用媒体进行独立思考的能力。大学生的媒介素养指大学生所具有的选择、认知、解读、辨别、批判及传播媒体信息的能力，媒介素养使大学生能够善于运用媒体接收各类信息，并对海量信息进行主体识别和评估，且发挥主观能动性创造和制作媒介产品，完善自我，发展自我，积极参与社会的发展。因此，加强大学生媒介素养是顺应社会发展的必然趋势。

1. 媒介素养是大学生自我完善的基本素质

自媒体时代，以微博、微信、QQ、人人网等为代表的自媒体媒介和以网络媒介为核心的大众媒介是大学生获取信息、开展社交、宣泄情绪的主要平台，而他们对世界、对生活、对学习、对工作的基本观点也在很大程度上从这里开始萌芽。大学生作为民族复兴的建设者和担当者，若不能对纷繁复杂的海量媒介信息进行选择、批评、解读、制作和有效传播，就会被信息牵制与左右，甚至失去自身价值观及基本立场。因此，自媒体时代对大学生开展媒介素养教育是促进大学生树立正确的世界观、人生观和价值观及不断发展自我、完善自我的迫切需要。媒介素养是大学生认识世界、了解世界、参与社会建设与国家发展的必备素质。

2. 媒介素养是大学生实现终身学习的必备技能

当今社会已步入经济全球化和网络信息化的学习型社会，主要呈现出全民学习和终身学习的特点。以网络为平台的信息全球化的发展使终身学习成为必要，也使终身学习成为可能。在网络信息营造的媒介环境中，媒介使用者的世界观、人生观、价值观都受到了极大的影响，且不知不觉地发生着变化。大学生正处于身心发展的关键时期，被媒介环境所影响，媒介信息及媒介文化是其自我发展、自我成长的最重要的塑形力量。因此，大学生在媒介环境中，面对知识更新、海量的信息源，必须学会如何提炼真实、有效、实用的媒介信息，必须学会终身学习、与时俱进的技能，必须不断通过媒介信息充实自我、完善自我，而前提就是具备较强的媒介素养。

3. 媒介素养是大学生适应社会的现实诉求

大学生的社会化是指大学生成长为社会人，适应社会生活，促进自身发展的过程。大学生只有实现社会化，才能适应社会生活，充分发挥其个性及主观能动性，挖掘自身潜能，促进其全面发展。大学生的社会化是大学生融入社会、促进社会进步的过程。当代大学生是实现中华民族伟大复兴的中国梦的中坚力量，其社会化程度如何将直接影响到中国特色社会主义建设及伟大中国梦的实现。可见，社会化是大学生成长成才、促进社会进步的重要因素。自媒体的迅速发展使大学生不再受时间和空间的约束，遨游在媒介信息的海洋中，被碎片化的生活所吸引或牵制，这就需要大学生有较强的思辨能力，端正态度，坚定立场，形成健康的人格，能合理有效地凭借媒介和媒介信息顺利实现从自然人向社会人的转变。因此，媒介素养的提升是大学生适应社会及社会化的现实诉求。

（二）自媒体时代大学生媒介素养的提升路径

媒介素养教育的理想情况是受众使用媒介将成为自我发展的一种动力，不会因为使用媒介而沦为大众媒介或信息的奴隶。自媒体时代，高校学生工作及思想政治教育的关键在于以媒介素养教育为基础，改革传统的教育模式与舆论引导方法，提高大学生对当前媒介信息的辨别能力及解析能力，善于运用自媒体的优势发展及完善自我。

1. 开设媒介素养课程，发挥课堂主导作用

我国媒介素养教育课程的开设相对滞后，未形成正规化和系统化的教育模式，在澳大

利亚、英国、俄罗斯、美国等国家早已开设媒介素养教育的基础课程。澳大利亚从 20 世纪 90 年代中期就规定学生从幼儿园至 12 年级必须接受媒介素养教育，课程着重于审美学和符号学的基本理论，着重培养学生对流行艺术的自由的人文取向。我国台湾地区媒介素养教育较为领先，从小学到研究生均开设专门课程，开设内容包括观看行为管理、媒介信息的真伪性辨别、说服性信息的解读及媒介生态与组织等内容。当前，浙江大学、南京大学等高校已将媒介素养教育课程设为必修课，面向全校学生开设。高校应发挥课堂的主导作用，开设媒介素养课程，包含理论部分和实践部分，是以引导大学生从欣赏入手，从认知入手，正确选择、辨别、分析媒介的各类信息，为己所用，并逐步形成自己的见解。在具备一定理论知识的基础上，教师通过实践课，指导学生制作媒介产品，将自己的想法通过媒介语言合理表达，在不断地表达思想和传递信息中，完善自我、服务自我和发展自我。

2. 搭建社团第二课堂，增强媒介主体意识

自媒体时代，大学生乐于借助微博、微信、QQ、人人网、易班等自媒体进行交流、沟通、分享、宣泄，这更彰显了媒介主体意识的重要价值。媒介素养不仅要靠课程的理论灌输与实践教育，还需要通过社团搭建第二课堂，使学生逐步建立媒介主体的意识，才能真正提高大学生的媒介素养。高校社团是大学生综合素质教育的重要阵地和载体，可通过展板、校园广播、校园网络、校园电台等方式积极制作和宣传媒介知识，组织社团成员讨论新闻事件及热点问题，开展 DV 制作大赛、摄影大赛、新闻采访等形式多样的活动，使大学生逐步树立主体意识，且在媒介素养教育中起主导作用。同时，社团应在经费允许或团委的大力支持下，邀请记者、影视人物或优秀校友等走进校园与大学生面对面交流沟通，增强大学生对媒介的真实和现实认识，使他们对新闻的客观性和作品的制作、传播及传媒的运营方式有更直观的了解和把握，消除媒介的神秘感，提高大学生参与制作媒介信息的主动性、积极性和客观性，使他们能够正确有效地使用各类媒介促进自身发展与完善。

3. 加强师资队伍建设，提供媒介素养保障

高校提升大学生媒介素养的前提是培养一批专业技术强、思想道德素质过硬且网络应用能力较强的专业师资队伍。当前，高校媒介素养教育的师资队伍薄弱，绝大部分高校只是针对新闻专业的学生有专门的师资团队，但对于全体大学生尚未形成专业的师资队伍，这种现象与自媒体时代媒介信息满天飞的现象极不协调，需要高校给予高度重视。高校应积极组建专业的媒介素养教育师资队伍，定期开展多渠道、多形式、分层次的专业理论培训和实践模拟训练。媒介素养教育的师资队伍应具备扎实的媒介素养专业知识和相关学科的专业知识，能够熟练地掌握媒介信息的制作和传播特点，能够熟悉大学生的网络话语体

系，并具备较高的组织协调能力和舆论引导能力，熟知媒介素养教育的最新研究成果，及时、高效地开展媒介素养教育。

4.发挥三方联动作用，形成协同教育合力

高校教育是提升大学生媒介素养的关键，而家庭教育是基础，社会教育是保障，三者的联动才能切实提高大学生的媒介素养。家庭是大学生成长的第一环境，父母应从小开始给孩子灌输正确使用网络、使用媒介的思想及基础知识。社会有责任为大学生营造良好的媒介环境，要积极营造诚实守信、健康和谐、公平公正、民主团结、互助友爱、乐于奉献的媒介氛围和社会环境，给大学生提供良好的世界观、人生观和价值观的导向。高校、家庭和社会应该增强自身责任意识，从以下三个方面强化对大学生的媒介素养教育：第一，高校提供条件，给予学生理论指导和实践训练；第二，父母是孩子的第一任老师，家庭环境对孩子有潜移默化的影响，要从小教育学生自觉抵制不良诱惑，自觉利用媒介学习及辨别真伪信息，促进孩子健康快乐成长；第三，社会要积极营造环境氛围，通过大众媒体给学生讲授媒介素养知识，通过电台、网络媒介给学生提供讨论的平台，通过论坛组织网民积极发表意见，通过邀请专家开展答疑解惑的活动，给学生专业指导的同时，普及媒介的基础知识和传播技巧。

三、学生干部培养机制

高校学生干部是学校、教师、学生之间相互联系的纽带，在高校学生工作中发挥着极其重要的作用。建设一支高素质的学生干部队伍是高校学生工作的一项重要任务。

（一）学生干部应具备的基本素质和能力

1.思想政治素质

思想政治素质是衡量学生干部是否优秀的最基本素质。如果一个学生干部思想态度不端正、观点不成熟，就很容易走偏路，误入歧途。因此，学生干部必须具备过硬的思想政治素质，只有思想上与党中央、团中央保持高度一致，才能充分发挥自身的桥梁与纽带作用。

2.身体素质

良好的身体素质是学生干部做好服务、管理工作的前提条件，也是作为一名合格大学生的基本要求。作为一名学生干部，要坚持体育锻炼，提高身体素质，才能圆满完成学业以外的岗位工作。

3.心理素质

优秀的学生干部必须具备思维敏捷、宽容大量、胜不骄败不馁、抗挫折能力较强的心理素质。作为学生干部，不能因取得一点成绩就沾沾自喜，而要将成绩作为前进的动力；不能因失败而沉沦，失败时要寻找原因，奋发图强，迎接下一次的挑战。

4.学习能力

学生干部必须认识到专业知识学习是第一要务。学生干部的身份，首先是学生，只有具备良好的专业知识，才有充沛的精力完成学生干部的工作，才能在学生干部的队伍中树立威信。同时，学生干部要热爱工作岗位，熟悉业务知识，对岗位工作内容、工作流程、软件应用等相关知识能够应用自如，这就需要他们有较强的学习能力。

5.组织协调能力

作为学生干部，需要对各类学生活动进行资源的合理配置、人员分工，对活动过程严格把控，对活动中的突发事件能够进行危机处理，这就需要学生干部有较强的组织协调能力，否则不能胜任"指挥官"的工作。

6.交际能力

学生干部要处理好同教师、上级学生干部、同级学生干部、下级学生干部及普通学生之间的关系，真正起到桥梁作用，这就需要较强的人际交往能力，否则无法得到别人的认可，无法开展工作。

7.创新能力

创新是一个民族的灵魂，而学生工作同样需要创新。学生干部要从理念、管理方式、文化活动等多方面进行创新，这样才能适应时代发展的要求。当然，学生干部要在继承的基础上进行创新，取其精华，用同学们喜闻乐见的方式开展工作。

（二）创新高校学生干部的培养机制

1.严把入口，做好学生干部的选拔工作

严把入口，做好学生干部的选拔工作是提高学生干部整体素质的前提与基础。在学生干部的选拔过程中，要坚持德才兼备的原则，思想道德素质高，且具备一定的专业知识、文化知识和交际能力等。第一，要制定合理的选拔标准。在学生干部的选拔方案中明确指出学生干部的职责、岗位特点及对学生干部的思想道德要求，在选拔干部时，要将"德"放在首位，然后兼顾"才"。学生干部的学习成绩要好，没有较好的成绩，就没有开展好

工作的资本。当然，学生干部还需要其他方面的能力，但在选拔的过程中可稍微放松一些其他方面的"才"的要求，因为在学生干部上任之后的培训与锻炼中，会逐步强化这些能力。第二，要坚持公平、公开的选拔原则。学生干部的选拔，要提前公布岗位需求，让学生公平竞争要通过结构化面试方式进行，学生干部通过自我介绍、演讲、回答问题及学生干部投票、学生常委与辅导员审核等方式进行选聘。第三，要做到扬长避短，优势互补，尤其是要考虑到不同职位对学生性别、特长、性格等的要求。

2. 不断建立与完善学生干部的培训工程，注重学生干部的培养

培训工程是提高学生干部素质的重要途径。高校要加强对学生干部的培训工作，力争培养综合素质较高的应用型学生干部队伍。第一，校、院要制订学生干部的培养计划，明确学生干部的培养目标、任务、途径，制定工作章程，使学生干部的培养工作有章可循。第二，定期培训。学生干部培训依托团校进行，举办多次理论与业务培训。培养可通过理论课程、专题讲座、素质拓展、经验交流、热点难点研讨等方式进行。优化培训内容，针对学生干部的培训应包括思想政治素质、道德培训、礼仪培训、心理健康培训、实践能力、公文写作等内容。

（1）加强思想政治教育是培养学生干部的首要任务

学生干部要继续深入学习党的基本理论，坚定学生干部的马克思主义信仰，树立正确的世界观、人生观、价值观，并经常性地开展国际国内时事问题的解读分析，保证他们在思想上与党中央保持一致，做到思想政治合格可靠。

（2）良好的道德品质是优秀学生干部的基本素质要求

要教育学生干部在日常的言行中注重文明礼仪，逐渐形成遵纪守法、文明理论、团结合作、诚信友善、谦虚好学等良好的道德品质。

（3）心理素质是学生干部做好工作的前提

可邀请心理学专家、咨询师为学生干部做心理辅导，帮助学生干部减压。

（4）做好实践培训工作

可通过组织学生干部深入社区参观考察、举办志愿服务活动、素质拓展活动等方式，使学生接触社会、了解社会、服务社会。同时，引导学生干部把各自的干部岗位当作实践的平台，结合专业知识，不断创新活动方式。

（5）开展经验交流活动

定期开展辅导员与学生干部、学生干部之间、学生干部与普通学生之间的交流活动，活动中要有足够的时间让学生交流工作经验、方法，探讨热点难点问题，不断提高学生干

部的工作水平及工作效率。

3.建立目标责任制，提高学生干部的积极性及工作效率

学生干部的积极性不高及工作效率低是制约学生干部能力提升的重要因素。因此，要通过制定学生干部的目标责任制的方式，提高学生干部的工作效能。第一，要细化学生干部的责任目标。把具体工作职责落实到每个学生干部身上，按照岗位要求细化职责，使学生干部工作中做到职责分配，责任到人。第二，要提高学生干部的执行力，建立监督机制，层层管理。建立辅导员、常委、委员、助理等层层管理与定期交流模式，量化考核制度，提高学生干部的执行力。第三，要将学生干部的目标责任制与绩效结合起来，对于完成目标的学生干部，可在评优、推优、就业等工作中优先考虑；反之，实行末位淘汰制。

4.加强人文关怀，提高学生干部的认同感和归属感

在培养学生干部的过程中，辅导员要关爱、关注学生干部的成长，关心他们的学习、生活、工作情况，增强学生干部的认同感和归属感。第一，作为辅导员，要积极掌握学生干部的基本情况，从工作、学习、生活中解决学生干部遇到的具体问题，用真诚去关爱、关注学生干部。尤其是对一些因为工作繁忙而影响学业的同学，辅导员要予以情感引导，激发学生的积极情绪，缓解学生干部的压力，引导他们处理好学习与工作的关系，获得更好的成绩。第二，要树立典型，通过榜样来激励学生干部。定时召开各级学生干部大会，开展评优工作，对思想政治素质高、工作效率高、教师认可度高、群众基础好、综合素质高的学生予以适当表彰及加分，增强学生干部的荣誉感，激励学生干部向先进学习。第三，关注学生干部的心理成长。辅导员要及时关注容易产生负面情绪的学生干部，用心教导他们，关爱他们的身心健康。

5.强化学生干部的创新能力

创新是学生干部创造性开展工作的动力源泉。学生干部要在熟悉工作的基础上学会创造。首先，开展思维能力的训练活动。学生工作办公室可放置一些开发大脑、增强想象力、训练思维能力的光盘及书籍，定期组织学生干部学习与训练，促使学生干部突破传统思维定式与逻辑规则，以新的视觉、新的角度开展学生活动。其次，培养学生干部的质疑精神。要鼓励学生干部勇于突破传统的知识框架与思维方式，敢于对学生活动、规则等进行质疑并发表自己的见解。最后，提供创新平台。辅导员要给予学生干部足够的信任，鼓励他们解放思想，勇于打破常规的工作思路的束缚，尝试新的工作方法，创造性地开展工作。当然，任何创新的工作方式都要在辅导员教师认可的前提下进行。

第二节 学风建设机制

一、学风建设制度

学风是大学精神的重要组成部分，学风的好坏直接影响到教学改革能否深化和教学质量能否提高，直接影响到人才培养目标的实现。优良的学风具体体现在学生应该具有稳固的专业思想、明确的学习目的、端正的学习态度、严明的学习纪律等多个方面。为了进一步抓好学风建设，提高学生的学习主动性和思想认识，明确学习目的，改进学习方法，营造一个努力学习、奋发向上的和谐校园。

（一）学生守则

第一条，拥护中国共产党的领导，坚持四项基本原则；认真学习马克思列宁主义、毛泽东思想、邓小平理论、"三个代表"重要思想、科学发展观和习近平新时代中国特色社会主义思想，关心国家大事，树立正确的世界观、人生观、价值观。

第二条，遵守国家法令，遵守学校纪律，遵守公共秩序。

第三条，热爱专业，勤奋学习，刻苦钻研，勇于探索，努力提高分析问题和解决问题的能力。

第四条，加强集体观念，按时上课，不无故旷课，因事因病误课须请假。

第五条，诚实守信，作风朴实，待人诚恳，考试不作弊。

第六条，尊敬师长，团结同学，文明礼貌，乐于助人，热心服务。

第七条，树立全面发展观念，坚持锻炼身体，积极参加健康的文化体育活动和社团活动，陶冶情操，增进身心健康。

第八条，讲究个人卫生，爱护公物，自觉维护公共环境卫生。

第九条，艰苦朴素，勤俭节约，培养劳动观念，养成良好的生活习惯。

第十条，谦虚谨慎，实事求是，勇于批评与自我批评。

第十一条，树立全心全意为人民服务的观点，服从社会需要，将国家利益和社会利益作为求职依据，立志献身于祖国教育事业和国家现代化建设事业。

（二）管理考核方法

1.考核人员职责

（1）学生会学习部学生干部

第一条，学生会学习部负责抓好学院学习督导工作，主要针对大一、大二学生进行早读、晚自习考察、上课考勤，及时与各班班长进行交流，了解各班的学习状况，并与辅导员进行沟通，让辅导员对各班学习状况有明确清晰的了解，并配合辅导员抓好学院学习工作。

第二条，由学习部通过结合各班班长对课堂情况的记录，以及学习部学生干部对各班上课情况的考勤来对各班的学习风气状况做出评价；指导各班班长进行学风建设的工作，同时根据学生个人日常上课的出勤情况，上报辅导员，做出相应的批评及惩罚。

第三条，学习部每学期负责筹划学风建设一系列活动，开展演讲大赛、辩论赛、经典诵读比赛、专业知识竞赛、技能竞赛、演讲比赛、学习经验交流会、师生交流座谈会、主题班会等形式多样的学风建设活动，旨在激发学生的学习主动性、积极性及创造性。配合校级学生会做好学风建设的相关活动。

（2）任课教师

任课教师要本着认真负责的态度对待学生做好课堂学习指导工作，严格对学生进行考勤，课下认真批改学生作业，并耐心地对学生的提问进行详细解答。学期末要对学生的平时成绩和考试成绩进行公平、公正、细致的考核评定，积极配合辅导员抓好国测学子的学风建设工作。

（3）辅导员

第一条，辅导员要及时与各班班长进行沟通，动态了解各班学生课堂和课下的学习状况，并结合任课教师与学习部对学生平时的考核记录，以及平时对各班的不定期抽查，详细了解学院的学风建设进程与情况。

第二条，辅导员要认真指导并积极参与学风建设月的各项活动，本着认真负责的态度对待学生进行学习生活上的指导和帮助。

第三条，对于学习不求上进的学生要多谈心谈话；对于违纪者给予批评教育，对于屡教不改者及时上报党委副书记并给予严肃处理；对于表现良好的学生则要通过学院进行通报表扬，以资鼓励。

2.管理方式

第一条，落实责任。学院党委、行政要担负其学风建设的主要责任。由学院领导制定各种规章制度，以上各负责人严格执行，并定期召开辅导员、师生代表座谈会，听取师生意见，分析学风建设现状，商讨学风建设的具体措施和要求，及时向学风建设活动领导小组汇报并组织实施。

第二条，主抓教育。对大一学生进行人文精神和科学精神的教育，引导学生立足现实，注重职业规划，树立明确的学习目标，健康成长、立志成才；教育和引导高年级学生树立自我教育、自我管理和自我服务意识，不断提高自学能力和实践能力；对一部分有继续深造愿望的学生，给予热情的鼓励和指导。

第三条，注重监督。将学生获奖、违纪、开展活动、班级平均学习成绩、宿舍卫生、旷课等作为评选先进集体的重要指标，并严格执行。利用班会、党支部生活会、团支部会议等多种途径加强对学风建设工作的宣传。将每次检查结果、处分通报、评优表彰情况等内容及时进行公示，接受全院师生的监督。认真执行违纪处分条例，对违纪学生首先要以教育为主，动之以情，晓之以理，帮助学生改正错误，但对屡教不改的学生要坚决严肃处理。

第四条，重视学风建设月的各项活动。结合学院实际情况开展丰富多彩、具有特色的学风建设活动，积极组织各类讲座、组织师生座谈会等活动，积极引导学生参加"国测之光"大学生系列活动，营造浓厚的学习氛围，抓好学风建设工作。

3.考核方式

第一条，课堂考核：考核各班出勤率、整体纪律、教师与学生之间的互动情况（根据实际情况酌情加减分）。定期由辅导员对整体表现情况做通报点评，给予适当的批评、鼓励。

第二条，考场考核：考核各考场到场率、签到及相关证件的检查情况、考核整体学风表现（是否有作弊行为，是否有睡觉行为），严抓、严惩舞弊学生。

第三条，活动考核：考核各班级出勤率、表现积极性，考核活动中各相关负责人的工作安排是否到位。

（三）奖惩制度

1.奖励制度

第一条，参加区级以上的各类竞赛（测绘技能大赛、挑战杯等）并获奖的个人或团体，学院应向其颁发奖状，并酌情给予其物质奖励。

第二条，个人或团体在校级运动会上有良好表现的（获得运动会单项或团体前三名），学院应酌情向其颁发相关物质奖励。若是在厅级以上比赛有突出表现或获奖者，学院应给予物质奖励并优先评选"国测之星"。

第三条，每学年评出专业成绩排在学院前三名的同学，学院应颁发证书并给予适当奖励，以资鼓励。

第四条，设立学习成绩进步奖，奖励学年总评成绩有明显进步者（在班级排名比上一学年前进 10 名以上）。

第五条，设立院级学风建设先进班集体，根据各个班级的考试成绩平均分、出勤分（平时上课出勤率、晚修出勤率），英语四、六级过级率，计算机二级过级率等作为评比标准。被评为学风建设先进班集体的班级，将给予全院通报表扬，颁发奖状，并给予一定的班费奖励。

第六条，设立学风建设优秀寝室，根据各个寝室卫生情况、寝室成员纪律情况（有无迟到、早退、旷课等情况）进行评比，被评为学风建设优秀寝室的，学院给予通报表扬，颁发奖状，并给予一定的物质奖励。

2. 惩罚制度

第一条，出现学生迟到、早退、旷课、上课睡觉等情况严重且次数较多的班级，取消其评选学风建设先进班级的资格。

第二条，出现寝室卫生糟糕，寝室成员不按时作息，寝室成员无故迟到、早退、旷课等情况的寝室，取消其评选学风建设优秀寝室的资格。

第三条，一学期旷课 2 学时（迟到两次为一次旷课），口头警告；一学期旷课累计 4 学时，写检讨书与保证书；一学期旷课累计 8 学时，系内给予通报批评，并联系其家长；一学期旷课累计达到 10 学时以上，根据学籍管理规定，处以相应的通报批评及处分（一学期内旷课累计达到 10 ～ 19 学时，给予警告处分；一学期内旷课累计达到 20 ～ 29 学时，给予严重警告处分；一学期内旷课累计达到 30 ～ 39 学时，给予记过处分；一学期内旷课累计达到 40 学时，给予留校察看处分）。

第四条，在学习时间（上课、自习）不得进行与学习无关的各种娱乐活动（如玩手机、玩扑克、打游戏、看杂志等），发现两次，写保证书；发现三次及以上，给予通报批评，并与其家长联系。

第五条，对于被任课教师抽点三次并未来上课的学生，应取消该生该科期末考试资格。

第六条，凡考试作弊，或帮人作弊，一经发现均当场取消作弊者该科考试资格，并上报教务处，给予该学生相应的处分。

第七条，两门课程需要重修的，写保证书；三门及以上课程需要重修的，写保证书，并与其家长联系。

第八条，对于多次扰乱课堂纪律，任课教师多次警告未果者，应视情节给予其警告、严重警告等不同程度的处分。

二、第二课堂建设机制

团日活动和志愿服务活动是高校第二课堂建设的重要途径。

（一）高校团日活动有效性

高校团日活动是校团委、二级学院分团委、班级团支部对青年大学生开展思想政治教育的基本平台，是提高团员综合素质的重要途径，是团组织增强凝聚力、吸引力的有效形式。

此外，为提高第二课堂的实效性，应开展精品团日活动的建设活动，这些精品团日活动可以通过校园展板、网络展示、荣誉激励等形式在校园、网络上给予肯定的宣传，调动其他学生的主动性和积极性，同时也起到思想教育的积极作用。

（二）社区课外辅导志愿服务管理制度

第一部分——总则

第一条，为倡导"奉献、友爱、互助、进步"的志愿者精神，规范和促进社区志愿服务活动，加快推进和谐社区建设，健全和完善社区保障体系，特制定本制度。

第二条，社区志愿服务是指在各级党委、政府的倡导和扶持下，从社区成员多种需求出发，组建以社区居民为主体的组织网络，开展各种无偿公益服务，协助解决社区问题，倡导社区居民互助，共同推动和谐社区建设的公益服务活动。社区志愿服务的主体是社区志愿者、各社区志愿者组织。

第三条，社区课外辅导志愿者是在社会实践基地开展体育教学、裁判服务、技术指导等，自愿为他人和社会提供无偿服务的人员。

第二部分——机构和职责

第四条，社区课外辅导志愿服务的组织机构由分团委和志愿服务队组成。

第五条，志愿者组织机构的职责：在校团委和党委党组织的领导下，招募、培训、管理志愿者，建立服务基地，确立服务项目，落实服务活动，为社会公益工作和社会保障工作等提供服务。

第三部分——大学生志愿者的管理、权利与义务

第六条，社区课外辅导志愿服务队接纳志愿者的报名申请。

第七条，志愿者的基本条件：热心于公益事业，不怕困难，具有奉献精神；具备与所参加的志愿服务项目及活动相适应的基本素质；思想品质优良，无不良嗜好，无违法乱纪行为，遵纪守法。

第八条，志愿者和志愿者组织享有以下权利：

1. 志愿者接受志愿者组织的培训。培训分为志愿者基本知识培训、服务技能培训。

2. 志愿者在志愿服务活动中遇到困难和问题，可以请求志愿者组织帮助解决。

3. 志愿者享有监督、建议、批评、出入组织自由的权利。

第九条，志愿者和志愿者组织应当履行以下义务：

1. 在法律法规规定的范围内开展志愿服务。

2. 完成分团委安排的服务工作等。

3. 维护志愿者和志愿者组织的声誉和形象，保证服务质量。

第四部分——服务范围和重点对象

第十条，课外辅导志愿服务范围包括体育教学、裁判服务、技术指导等公益事业。这些服务以志愿者及其组织的行为能力为限。

第十一条，课外辅导志愿服务的重点对象是小学生、中学生。

第五部分——保障与奖励

第十二条，分团委要确保有专门的实践基地。

第十三条，志愿服务的时间累计数和成效评价结果作为考核、表彰志愿者的重要依据。志愿者每年至少要参加 20 小时的志愿服务。

第三节　学生组织机制

一、院团委管理制度

院团委是院党委领导下的学生群众组织，它在上级的指导和帮助下开展各项工作，并接受广大同学的监督。

作为院团委的常委、委员、助理、干事，理应做到：

1. 坚持以马克思列宁主义、毛泽东思想、邓小平理论、"三个代表"重要思想、科学发展观和习近平新时代中国特色社会主义思想为指导，深入贯彻落实科学发展观，坚持党的基本路线，遵循和贯彻党的教育方针，促进同学德、智、体、美、劳全面发展，团结和引导同学成为热爱祖国、适应社会主义现代化建设的合格人才。

2. 遵纪守法，以身作则，带头维护校规校纪的权威，倡导良好的校风、学风，促进同学之间、同学与教职工之间的团结，协助院创建良好的教学秩序和学习生活环境。

3. 沟通院党政与广大同学的联系，起好桥梁和纽带作用。通过院各种正当渠道，反映同学的建议、意见和要求，协助院解决同学在学习和生活中遇到的实际问题，参与涉及学生院事务的民主管理，维护同学的正当利益。

4. 倡导和组织自我服务、自我管理、自我教育，积极开展学习、科技、文体、社会实践等多种活动，努力为广大同学服务。

5. 密切同区内外兄弟院校学生组织的联系，增进友谊，加强合作。

为了进一步调动学生干部工作的积极性，鼓励先进，鞭策后进，严肃院团委工作制度，以提高工作效率，确保院团委各项工作顺利进行，现制定本制度。

第一部分——总则

新时代，院团委将与全院师生携手并进、共创辉煌，使院共青团工作塑造新形象，再上新台阶，开拓新局面。院团委的建设将严格按照以下工作原则展开：

1. 热爱祖国，热爱人民，热爱学院。一切以国家、集体、同学利益为重。

2. 待人热情，工作认真，踏实肯干，任劳任怨。以微笑、耐心面对每一位同学；以高效率、快节奏为工作方式，展现出新时代大学生和院青年积极向上的精神面貌。

3. 团结合作，诚实守信，群策群力，勇于实践。增强联系，少讲空话，多办实事，在实践中锻炼出一支素质过硬的队伍。

4. 尊重他人，举止文明，礼待宾客，乐于助人。对领导，彬彬有礼，不卑不亢；对同学，真诚热情，主动关心；对校外朋友，灵活应对，得体大方。

5. 勤俭节约，爱护公物，热爱劳动，热心公益。合理分配，最大限度利用有效资源为同学服务，积极带头参加社会劳动、公益事业，营造良好的氛围，起到模范作用。

6. 提高素质，服务同学，服务社会。以全心全意为同学服务的思想时时提醒、鞭策自己。努力提高自身素质，树立学生会在广大同学中的威信。

第二部分——院团委工作职责

1. 切实加强思想教育工作，组织和引导广大团员青年自觉接受马克思主义、集体主义和爱国主义的教育，以及党的基本知识和路线、方针、政策的教育，增强团员意识，充分发挥团组织的育人功能和团员的先锋模范作用。

2. 抓好团的组织建设和对基层团组织日常活动的指导和管理，负责团干部的教育和培养等工作。做好团员证和团员档案管理工作，团、党费收缴及发展新团员和超龄团员离团工作。

3. 在院党委和上级团组织的领导下，根据院中心任务和培养目标，在广大青年学生中开展各种有利于提高其综合素质、促进学院精神文明建设和校园文化建设的活动，抓好青年团员实践成才工作，积极开展志愿者活动和大学生假期社会实践活动。

4. 做好对外接待、联络和宣传工作，努力提高学院积极影响力，整理并保存好有关文件及资料。

5. 积极开展院党委和上级团组织交给的其他工作。

第三部分——组织制度与结构

院团委成员产生制度：院团委成员按照民主集中制原则，通过推荐、民主选举以及公开招聘产生。在院党委领导下，在学院团委指导下，依照国家法律法规、共青团章程，开展日常工作。依照学院团委有关规定，设立院团委副书记、秘书处、组织部、实践部、网络部和心理健康活动部。

第四部分——日常工作制度

（一）总则

1. 开会时，与会者必须提前 10 ~ 15 分钟到场（特殊情况除外），严禁迟到行为，无特殊情况，会议都应严格遵照预定时间准时召开。带会议记录本做好会议记录。

2. 开会时成员必须到位，不得缺席，有特殊情况不能参加会议者（例如开会时间刚好跟考试相冲突），须事先向所在部门的部长请假，经部长批准后由秘书处存档方可请假，特殊情况须事后补假，否则一律视作无故缺席。无故缺席两次者，将取消其本学期内部评优资格。

3. 会议无故迟到十分钟者，做无故缺席一次处理并统一点名批评。

4. 与会者要注重个人的仪表，文明用语，开会期间应将手机关闭或调至静音状态。

5. 会场上相关人员发言时，严禁喧哗和私下讨论的行为。

6. 会议传达学院或系部各项精神和布置工作任务，学习相关文件；对工作情况进行总结，布置下一阶段的工作任务和听取工作汇报。

7. 到会人员应积极就讨论事宜发表意见，并尽量做到言简意赅以提高会议效率。会议期间应避免谈及工作以外事宜，保证会议质量。

8. 与会人员积极参与会议及各项工作中有突出贡献者，评优优先。

9. 到会人员应遵守会场纪律，保持会场清洁，会后须将座椅等归位。

10. 每月一次秘书处将通报本月委员、干事的考勤情况，与会者必须认真听取，引起重视。会议考勤情况会作为本学期期末评优标准。

11. 所有委员以及干事每学期必须交一份个人课程表，方便日后开展各项工作。

12. 各部门在每学期开学后两周内必须上交一份本学期的工作计划，每学期期末必须上交一份工作总结，由秘书处统一管理和存档。

13. 各部门活动策划书必须先经过常委讨论通过，才可给教师审批，不得越级上报。

14. 机构大小会议均由秘书处负责记录会议内容。各部门内部会议由各部长另行决定，但必须做好相关会议记录，期末统一交由秘书处存档。

（二）会议形式

1. 院团委全体会议

院团委定期举行工作会议和院团委全体成员大会。院团委例会由院团委副书记召集，参加者为院团委成员，视需要可邀请其他人员参加。一般情况下应每月末如遇特殊情况（如院团委学生会活动繁忙期间或考试期间），可酌情增加或减少例会次数。例会由机构秘书长主持。会议主要是总结一个月来的工作，对其进行点评，指出优点和不足，并对下月的工作进行初步规划。院团委工作会议是为策划、安排、完成以及总结各项活动而不定期举行的会议，由各部门部长或项目负责人视需要进行召集院团委成员和组织工作。

2. 部长级会议

部长例会召开时间和次数视工作情况而定，由院团委副书记主持，院团委副书记主要负责传达上级要求，安排临时工作和任务，并对前一阶段的状况做总结。

3. 部内例会

部内会议由各部部长自行负责，主要是和部员进行工作交流，以及安排临时工作，时间和地点由部长确定。

（三）会议通知

1. 秘书处作为上传下达的机构，负责院团委各部门的通知下达工作。

2. 秘书处人员应保持通信工具的畅通，确保通知的顺畅。如出于自身原因导致工作失误，秘书处的相关人员应受到批评，严重的应受到处分。

3. 各部门人员在收到秘书处通知后，应在第一时间回复通知。如不能在第一时间回复，也必须在收到通知起的一小时内回复。

4. 秘书处在下达通知的一小时后没有收到回复，应主动联系相关人员予以确认。

5. 各部门应积极主动配合秘书处的工作，及时回复。屡次不及时主动回复者，秘书处必须及时上报，予以讨论处罚。

6. 院团委学生会的人员应团结合作，互相转告。

（四）会议记录

1. 院团委会议，院团委副书记必须出席，秘书处必须出席，并做好相应的会议记录。

2. 会议记录作为重要的资料，秘书处和各部门应妥善保管，要做必要的记录，做好保密工作。

（五）会议考勤

1. 会议考勤工作由院团委秘书处负责。该项工作由院团委书记批准，院团委副书记授权秘书长具体负责。

2. 会议与会人员在会议开始前应主动到秘书处签到。

3. 会议开始后未到秘书处签到的人员将视为迟到。

4. 会议结束后，由秘书长确定缺席会议人员并当场公布。

5. 秘书处无须对与会人员因自身原因导致的任何后果承担责任。

二、学生会规章制度

为了加强学生会的管理，规范各部门成员的行为，保证学生会日常工作有序进行，提高学生会的工作效率，特制定本规定。

第一部分——基本章程

（一）组织性质

学生会是在院党委的领导下和院团委教师指导下开展工作的学生组织。

（二）工作任务

1. 代表和维护广大同学的正当权益，热情为同学服务，加强教师与广大同学的联系，协助和促进教师的教育、管理工作。

2. 以全心全意为同学服务为宗旨，积极开展各种科技、文体、学习和公益活动，用实际行动营造积极、健康、活泼的校园文化和浓厚的学习氛围，积极推动校园精神文明建设。

3. 根据学生会成员的需要，开展多种自我管理、自我教育和自我服务活动，为学生会成员提高民主素质、发扬科学精神、全面成才创造良好条件。

（三）宗旨和义务

1. 遵循和贯彻党的教育方针，促进同学德、智、体、美、劳全面发展，团结和引导同学热爱中国共产党、热爱祖国、热爱人民，努力成为建设中国特色社会主义事业的合格人才。

2. 组织和带领同学开展社会服务，积极投身社会主义精神文明建设。

3. 通过各种正常渠道，反映同学的建议、意见和要求，代表学生参与学院教育和管理事务。

4. 倡导和组织自我服务、自我管理、自我教育，打造本系学生文化的良好氛围。

（四）基本组织机构

学生会设执行指导 4 人，学生会主席 1 人，学生会副主席 3 人，下设秘书处、学习部、纪检部、体育部、文艺部、女生部、宣传部、外事部、资助部和生活部等职能管理部门，各部门设正部长 1 人、副部长 2 至 3 人，根据各部具体情况而定。各部总成员人数根据当学年招新情况而定。

（五）学生会成员的基本权利和义务

1.学生会成员享有的权利

（1）在学生会各级组织中有选举权、被选举权和表决权。

（2）对学生会一切工作和决议有质询、讨论、建议和批评的权利。

（3）有参加学生会组织的各项活动的权利。

2.学生会成员必须履行的义务

（1）遵守国家法律法规和校纪校规。

（2）遵守学生会章程，执行学生会决议。

（3）积极参加学生会组织的各项活动，努力完成学生会交办的工作，维护学生会的整体荣誉。

（4）各级学生会干部除履行成员义务外，必须做到作风正派、努力学习、热心为同学服务。

第二部分——管理制度

（一）学生会成员招新的相关条件、程序

为进一步规范学生干部管理制度，提升干部素质，增强学生干部选拔过程透明度，继续发挥学生干部在学院建设和发展，在学生自我教育、自我管理、自我服务中的积极作用。现结合学院实际，制定学生干部任职条件和选举程序如下：

1.学生干部任职条件

（1）在籍的学生。

（2）思想积极，要求进步，政治品质、道德品质、心理品质俱佳。

（3）学习态度端正，目的明确，无挂科。

（4）遵纪守法，无违法记录和纪律处分。

（5）在班级、宿舍等公共场所，无违反学院规定的行为。

（6）严于律己，以身作则，有身先士卒的精神和作风。工作态度端正，有较强的服

务意识，能认清自己，不但要在学生工作中发挥管理职能，更要注重对广大同学的服务作用。

（7）具有很好的执行能力，服从上级领导，能按时保质地完成组织交给的各项工作任务；具有良好的民主作风，能紧密联系广大同学，能及时全面地了解广大同学的意见及合理要求，并及时向上级领导、教师反映。

（8）能够自觉接受同学的监督，勇于开展批评与自我批评。

（9）热爱学生工作，工作认真负责、勤奋踏实，不惧艰难险阻，不怕脏、不怕累，不好逸恶劳。

（10）能力突出，具备领导和带动广大同学进步的能力，具有较强的组织、管理及协调能力。

（11）具有清正廉洁的干部作风。做事坚持原则，不因人而异，不搞特殊化，并且敢于同不良现象做斗争。

2.学生干部选拔程序

（1）报名

新学年开学后两周内进行干事招新，参加竞聘的同学以自荐的形式到规定招新地点或者到班级的相关负责人处领取《学生会招新登记表》报名。

（2）面试

在任学生会干部根据报名竞聘人数及所收到的招新登记表上填写的情况，对报名的同学进行初步审核，并安排统一的时间和地点对各候选人进行相关面试。

（3）拟任名单

各部门根据面试的结果，评议无异议后上报候选人名单，最后由学生会主席团研究确定新任学生会成员名单。

（4）考察公示

考察期过后，对考察通过的新任学生干部名单进行公示，考察期为一个月。

（二）活动开展制度

1.学生会各部每学期初制订本部门工作计划，并按工作计划正常、及时开展工作，认真落实计划方案。

2.活动开展前，各部部长须向学生会主席团申请，并向主席团递交策划书。策划书内容包括活动的目的、意义，活动的名称、地点、时间、面向的对象、人数，活动开展的经过及可能达到的效果，同时策划书中还必须写明各项预期费用和总计费用，需要协助的其他部门名单。由主席团审议后上报学院。

3.若活动范围庞大，涉及部门众多，须先提交主席团审议，提出修改意见，对活动计划进一步完善，然后上报学院。

4.申请没有通过，须无条件执行决议，但申请者有再次完善、申请的权利；申请通过，主管部长不得推诿、拖拉，应按时按照策划方案举办活动。

5.学生会各部不得擅自举办活动，否则，若引起不良影响或造成不良后果者，将按有关规定给予处理。

6.学生会成员参与活动时须到秘书处签到，活动结束时须签退。

7.凡申请通过的活动，在活动实施过程中，各部门由部长定期向主席团汇报工作进展情况。

（三）总结制度

1.学期末学生会各部应及时编写本部门的期末工作总结，并报秘书处备案。若有未完成的计划内工作应说明理由。

2.学生会各部举办完活动后，必须及时向主席团上报总结材料并报秘书处备案。总结材料中包括以下几项内容：活动开展的时间、地点、人物、活动经过、宣传文稿、活动图片（音像）及活动总结。未及时上报的，主席团成员有责任催促。

3.主席团指定秘书处妥善保管每一份总结材料，不得遗失。

（四）文件档案管理制度

1.档案管理工作统一由学生会秘书处负责，秘书处对学生会所有文件进行分类、整理、归档，并及时对各项工作进行总结，在例会上向主席团汇报情况。此外，听取各部的意见和建议，及时总结经验，保障学生会的工作顺利进行。

2.学生会档案分类：规章制度，学生会成员名单、个人资料、联系方式，学生会的对外联系方式，会议记录，工作计划及工作总结，各部门学期活动记录，学生干部档案，学生会的账目和物品管理簿，平时发放的文件、报告等。平时有关档案都将据此分类，各类档案均要求保存电子版。

3.各部将材料交到秘书处后，由秘书处按部门、类型存档。各部门如须查阅，归还时秘书处必须按原分类存放，不得有缺损。各个部门的材料，除了上交秘书处，由秘书处统一管理，各个部门也应该自己备份。

4.档案一般不外借，外单位如须借阅，须经学生会主席同意，并在秘书处进行登记并按时归还。

5.各类档案是主席团、秘书处对各部门工作表现做综合评价的重要依据，也是秘书处对学生干部进行考核和评优的依据。各部门应该认真对待。

（五）财务管理制度

1.学生会的经费用于各部门的活动开展。学生会的成员必须认真履行学生会财务管理制度。

2.学生会的活动经费、票据及账目由秘书长保管。账目明确，学生会每位成员均有查账的权利，保证财务公开及经费保管的严密性。

3.学生会各部门在开展活动前提出申请，做出活动经费预算。经费的批准要征得教师和主席团的同意。申请时须说明活动名称、时间、活动负责人、经费用途。

（六）例会制度

1.全体成员例会

（1）每个月举行一次例会，总结上阶段工作，布置下阶段工作。

（2）例会时间、地点根据实际情况另行通知。

（3）由学生会秘书长主持，特殊情况下由主席或者副主席主持。

（4）学生会成员必须准时到会，不准迟到早退；因故不能出席者必须提前向学生会主席请假（具体流程参照《请假制度》），否则按缺席论，并予以记录。

（5）例会由秘书处予以认真如实记录。

2.部长例会

（1）每两至三周举行一次例会，通报学生会工作情况，交流思想，开展批评与自我批评，促进各部门相互了解和信任。

（2）例会时间、地点根据实际情况另行通知。

（3）由主席团及其他部门部长、副部长参加。

（4）成员必须准时到会，不准迟到早退；因故不能出席者必须提前向学生会主席团请假，否则按缺席论，并予以记录。

（5）例会由秘书处秘书长予以认真如实记录。

3. 部门会议

学生会各部须定期召开本部会议，总结本部上阶段工作，布置下阶段工作。会议必须有记录，并定期将记录交予主席团审阅。

4. 会议纪律

（1）勿迟到。凡迟到5分钟之内者，算迟到一次，迟到3次算一次缺席，迟到5分钟及以上者，算缺席。

（2）勿缺席。凡缺席2次者，由学生会点名批评一次，取消评优资格，凡缺席3次者，视自动退出学生会，由学生会主席团做出辞退决定并进行通报批评。

（3）勿吵闹。会议期间，禁止大声喧哗，违者警告1次，经警告无效后，将喧哗者逐出会场。

（4）每次例会被通知人应该按时出席会议，如遇特殊情况应提前请假，并向主席团递交假条，经核实、批准后，方可请假。同时在点名处做好记录。

（5）在会场上保持严肃，严禁打电话、发短信、吃零食，违者通报批评。

（6）与会人员认真听取会上布置的各项任务，认真实施，必要时做记录。

（7）与会人员务必严守会场纪律，不得在会议期间看与会议无关的资料、书籍或频繁进出会场，影响会议的正常进行。

（8）未能出席全体成员会议，须事先请假。

（七）请假制度

1. 因故不能参加会议或以学生会全体名义举办的活动必须履行请假手续，否则按缺席处理。

2. 请假人必须持请假条在会议或活动开始前一天找部长签字，并在主席团审批后将假条交至秘书处。

3. 对有紧急情况临时请假，须通知部长。事后两天之内补交请假条到秘书处。

4. 请假次数超过4次（包括4次）者，失去评优评先资格并在全体成员会议上提出通报批评；超过6次（包括6次）者，开除出学生会。

（八）考核制度

1. 工作组织性

（1）例会无迟到、缺席现象，有事须亲自向主席请假（具体考核标准可参考学生会例会制度）。

（2）部门组织活动及学生会组织活动须准时参加（考核标准与例会制度考核标准相同）。

（3）部长服从主席的工作安排，定期向主席汇报其部门的工作，成员服从部长的工作安排，分工能及时完成，对形成的决议坚决执行，行动积极。

（4）努力维护学生会的形象，接受同学监督，起到率先垂范的作用。

（5）加强团结合作精神，各项工作能积极主动予以支持。

2. 工作原则性

（1）学生会成员不准搞特殊化，须坚持原则。

（2）学生会成员要遵纪守法，不能违反校纪校规。

（3）学生会成员必须做到学习、工作两不误，努力提高工作和学习效率，坚决杜绝挂科现象。

3. 工作方法性

（1）各部门部长每学期初要交一份详细的工作计划，每项活动结束后，主要负责部门要认真总结，并交一份活动总结书。

（2）工作有主见，能提出好的意见和建议，敢于创新，不拘一格。

4. 工作成绩

（1）每次大型活动前，活动主要负责人必须做好详细的工作安排，工作职责具体到各部门，各部门具体到个人，由秘书长统一记录；活动结束后，依照事先做好的工作安排严格考核。对于好的工作作风、工作思路、工作方法要继续保持与发扬；对于活动中出现的问题，必须认真总结经验吸取教训。问题出于个人的，活动结束后要及时反思，思考解决问题的方案方法，并交一份经验总结书；问题出于部门的，活动结束后要及时召开内部会议，认真总结经验吸取教训，思考解决问题的方案方法，部长要交一份经验总结书。

（2）各部门在各项活动中取得的成绩作为考核的一项标准。

第五章 大学生思想政治教育评价与教师队伍建设

第一节 大学生思想政治教育评价

一、新时代大学生思想政治教育评价的目标与内容

（一）新时代大学生思政教育评价的目标

客观上来说，在新时代，我们所开展的思政教育评价工作，绝不能是"为了评价而评价"，而是具有重要价值。围绕"为什么评价"，根本要旨在于始终坚持和贯彻问题导向，发挥出评价对建设的指导作用，及时发现问题，及时给予改进，完善体制机制，具体主要目标如下：

1. 助力思政教育守正创新和内涵式发展，推动思政教育的科学发展

新时代以来，面对日益复杂多样的内外部环境，大学生思政教育工作同样面临着和以往截然不同的内部、外部环境，肩负着创新发展和内涵式发展的时代重任。只有及时给予有针对性的评价，才能够保证评价落到实处，并发挥出应有的作用。实际上，思政教育评价指标体系，一方面提供了重要的指引功能，为高校思政教育工作的深入开展指明方向、扫清思想上的障碍；另一方面也同样要有针对性、科学性地找寻所存在的问题，从而为当代大学生的健康成长保驾护航。

2. 助力学生成长成才，完成立德树人根本任务，提升人才培养质量

作为思想政治教育的受益者，学生的地位无疑值得我们给予应有的肯定和重视。从本质上来说，进一步提升大学生思想政治教育质量，其根本目的是帮助当代大学生更好地成长为栋梁之材，成为我国社会主义的建设者和接班人。而这也同样是当下我们开展思政教育评价工作的重要出发点，从整体上来看，可以有效地帮助当代大学生明确今后发展的方向，特别是在各种社会思潮激荡导致多元价值并存的形势下，处于"拔节孕穗期"的学生的成长发展更需要科学的指引，而思政教育评价具有鲜明的价值导向性，可以有效引导当

代大学生的成长。同时，也能够在客观上为当代大学生的全面发展需求的满足提供全面的支持。对学生的成长发展提供科学引导，既提升了学生的获得感，也为学生、学校和国家的协调发展奠定了坚实的基础。而展现评价的个体价值，最终为我国高校育人功能的顺利发挥提供了全方位的支持。

3. 助力营造良好育人氛围，提升思政教育的社会形象，加强思政工作实效性

当前阶段，思政教育工作，特别是对高校学生群体开展的思政教育工作，已经得到了党和国家的高度关注和重视。采取多种方式、方法，开展多方面的评价探索，不仅提升了思政教育的综合质量，对于当代高校教育立德树人根本任务的完成也有着不容忽视的重要现实意义，是提升思政教育社会形象、增进教育的针对性和实效性的有效举措。

4. 助力教育现代化、培育高素质人才，满足党和国家事业的发展需要

为中华民族培育高素质人才，始终是现阶段我国开展思政教育的根本出发点和落脚点。在新时代，思政教育工作的开展同样需要以这一目标为基础进行，具有一定的政治属性和战略意义。只有满足社会和人民发展的需要，满足党和国家事业发展的战略需要，从实际需求角度出发给予有针对性的保障服务，才能够取得理想的教育效果。当代大学生思政教育评价，不仅要充分体现个体价值，还要实现社会价值，也就是要为广大人民群众服务、为党和国家事业发展服务、为中华民族伟大复兴服务。

（二）新时代大学生思政教育评价的内容

明确评价的内容和侧重点，始终是大学生思政教育评价的关键所在。明确这一问题，不仅可以为评价工作的开展提供必要的参照，而且也为实践操作提供了新的可能。受教育者评价、教育者评价、教育过程评价以及教育结果评价，是新时代大学生思政教育评价的核心内容。具体如下：

1. 受教育者评价

全面推进大学生思政教育评价工作，核心在于受教育者接受思政教育质量的评价。

（1）受教育者评价有着重要意义

首先，学生是教育质量的直接体现者和最终体现者。学生的学习效果和接受教育的好坏程度与教育质量的高低直接相关，对其他内容的评价归根结底都是聚焦于学生接受教育的好坏程度和最终效果上，受教育者评价始终是评价的重要方面和核心内容。其次，受教育者评价对学生有一定的约束和导向作用。这里所说的约束作用，集中体现于将思想政治教育学习以及相关活动纳入评价体系中来，可以引导学生重视思想政治教育的相关学习活

动。导向作用一方面表现为可以引导学生正确认识评价的实质和根本目的（提升学生的思想道德素质和专业知识能力，助力其成长成才），从而正确对待评价工作，提高评价工作的真实性；另一方面表现为帮助学生把握学习重难点，有效提升他们学习的整体效率，从而为全面发展夯实基础。最后，受教育者评价对教育者也有一定的导向和参考作用。对学生接受教育的效果进行评价，不仅是对教育者教育效果的一种反映和检验，同时还可以帮助教育者总结经验吸取教训，在以评促改的基础上，及时采取有效的措施加以优化和完善。

（2）受教育者评价有着丰富内涵

受教育者指的是高校思政教育的对象及青年大学生。对受教育者的评价内容应符合新时代党和国家对高校人才培养要求，以及大学生成长成才的需要，主要包括受教育者的思想政治素质、道德素质、文化素质、身心健康素质四个方面。

思想政治素质表现为受教育者应树立坚定的理想信念，始终怀有一颗热爱人民、热爱党和祖国的心；具有良好的马克思主义理论素养，具有运用马克思主义去认知世界、改造世界、动手解决实际问题的能力；正确认识中国的基本国情和实际情况，正确比较中国发展态势和世界整体环境等。

道德素质表现为受教育者具有良好的道德修养和正确的道德认知，能够自觉主动地践行社会主义核心价值观，并在日常的生活、学习、工作中坚定不移地信仰、传播社会主义核心价值观，真正意义上地做到"爱国、敬业、诚信、友善"，追求更高品位人生，成为对社会、对民族、对国家有用的人。

文化素质主要体现在受教育者的专业知识水平、个人素养及能力等方面，有见识、有学识，具体表现为文史素养、法律素养、科学素养、美学素养等。

身心健康素质体现为受教育者身体健康和心理健康。树立"身体是革命的本钱"的生活和工作理念，积极主动地参与各类锻炼活动，在锻炼身体的同时也能够磨炼意志，健全人格。有积极向上的心理品质和理性平和的健康心态，有自强不息的奋斗精神和乐观向上的人生态度，树立正确的"三观"，牢记历史使命，脚踏实地，确立远大抱负，成长为一名合格的社会主义建设者和接班人。

在对受教育者的这些素质进行短期效果评价的同时，需要将长远的关乎受教育者一生成长的影响纳入评价范围，重点关注到受教育者的成长发展需求。

2. 教育者评价

具体来说，思政教育队伍评价和领导管理评价，共同构成了教育者评价的主体内容。如下：

（1）教育者评价包含思政教育队伍评价

当代大学生思政教育的评价，更要关注思政教育队伍的评价。思政教育教师队伍的建设，无疑是全面提升思政教育整体质量水平的关键所在，在某种程度上直接决定了能否完成这些任务以及能否有效实现思想政治教育的目标。

思政教育队伍评价意义深远。一方面，思政教育队伍评价可以有效激发出教育队伍发展和完善的内生动力。针对当代大学生思想政治教育工作所面临的一系列新挑战、新机遇，思政教育队伍的建设始终是全面落实立德树人根本任务的关键所在，是培养社会主义建设者和接班人应有的题中之义，更是中华民族实现民族复兴的必然选择。而对思政教育队伍质量加以客观、公正的评价，显然可以有效提升这支队伍的工作责任心和使命感，从而有效挖掘出开展工作、完善队伍建设的内生动力。另一方面，积极推动思政教育队伍评价，为教师内涵式发展提供支持。质量始终是内涵式发展的着眼点，具体体现在教师的教育理念、政治信念、理论素养、管理方式、实际效果等若干方面。但是从整体上来说，不仅要坚持结果导向，也要重视过程。所以我们在具体工作中，要进一步强化思政教育队伍质量的评价，及时找寻教师队伍建设中所存在的问题，可以帮助我们更有针对性地整改思想政治教师队伍，全面提升综合素养水平和政治站位能力。除此之外，积极推动思政教育队伍评价，利于提升思政教育工作的创新性和有效性。新时代的大学生思政教育特征更为鲜明，这是我们在具体工作和研究中必须重点把握的问题，立德树人任务更加突出，长效育人机制更加丰富，网络育人的重要地位更为人们所重视。所以我们必须做到从实际情况出发，做到"因事而化、因时而进、因势而新"，有效提升工作的针对性和实效性，思政教育队伍评价极大地提升和改善了整体教育环境，是思政工作在高校环境下不断创新和发展的重要方面。

思政教育队伍评价内容丰富，维度众多。大学生思政教育队伍主要指学校党政干部和共青团干部、思想政治理论课和哲学社会科学课教师、辅导员和班主任以及心理咨询师等人员。他们不仅承担着宣传先进思想真理的重要历史使命，同样也是当代学生灵魂塑造的关键人物。

思想政治素质体现在，思政教育队伍具有正确的政治信仰和坚定的理想信念，以及爱国爱党的高尚情怀，有较高的马克思主义理论素养，有较强的政治敏锐性和政治辨别力；具有"弘扬主旋律，传播正能量"的思想引领意识，坚定信仰、积极传播、模范践行社会主义核心价值观，坚持育人导向，突出价值引领；具有大局意识，提高政治站位，胸怀大局。所以，这一素质无疑是大学生思想政治教育队伍所具有的原则性最直接也最主要的特征表现形式。

道德素质表现为纪律严、作风正；敬业爱岗，甘于奉献，潜心育人，具有强烈的事业心和责任感；具有高尚的人格和道德情操，以身作则，以良好的道德修养对学生进行言传身教，起到良好的示范表率作用。此素质是思政教育队伍表率性的特征表现。

业务素质表现为熟练掌握本学科知识以及党的思想理论；具有广阔的视野；具备思想引导和价值引领能力；具有把握大势、着眼大事、以大局为重的工作理念与思维；善于守正创新，从时代发展所带来的新发展、新变化、新情况出发，与时俱进，不断调整思政教育的方式、方法；高度重视人文关怀，具有亲和力和针对性，为学生思想政治素养的提升做出更为积极的努力。可见，这一素质是思政教育队伍专业性的特征表现。

（2）教育者评价包含思政教育领导管理评价

当代大学生思想政治教育评价工作的推进，要求我们必须将思想政治教育领导管理评价纳入评价体系中来，并给予应有的重视。作为思政教育的关键所在，领导管理关乎思想政治教育最终是否能够取得预期效果，制度机制和顶层设计，共同构成了思想政治教育领导管理的主体内容，是影响思政教育实际效果的关键因素。

思想政治教育领导管理评价值得我们给予应有的重视和肯定。一方面，全面强化思政教育领导管理评价工作，是全面提升对思想政治教育领导管理质量重视程度的关键。如我们所了解的那样，时代的发展赋予了大学生思政教育工作以不同的内涵和外延，各项工作都面临着和以往截然不同的新环境，面对随时出现的挑战和机遇，特别是各类新情况、新问题，各级领导管理部门必须迅速响应、合理应对，具有崇高的历史使命感和政治责任感，重点做好重大战略问题的科学分析和统筹，从实际需求角度出发，建立、健全机制体制和顶层设计。评价大学生思政教育领导管理质量，有利于各级领导管理部门重视并积极做好相关工作，为整体管理质量的提升打下坚实的基础。另一方面，全面强化思想政治教育领导管理评价工作，是改变教育管理评价单一问题的可行路径。在现实评价过程中过于单一具体表现为评价内容的单一性、评价标准的模糊性等问题。这些问题使得领导干部过分重视量性指标，突出管理部分，忽视了思政教育中的教育、指导等相关因素。基于此，只有开展多元化的大学生思政教育领导管理评价，才能够保证评价结果的科学性和有效性。

思想政治教育领导管理评价有着丰富内涵。思想政治教育领导管理是指管理工作由谁来领导和组织实施的问题，实际上是对管理的目标、方针、对象、方法、策略以及具体模式的统称。本书中重点讨论的大学生思政教育领导管理评价，主要是指借助科学的方式、方法，在领导管理层面对其现状开展价值判断的系列活动的总和。对思想政治教育领导管理进行评价，需要参照系列重要讲话和相关文件提出的规定和要求，判断是否为思政教育的开展提供了具有针对性的领导和科学的管理。

3. 教育过程评价

对大学生思政教育过程的评价，也同样是我们评价新时代大学生思政教育工作的一个重要方面。正如上文中所强调的那样，教育过程是否沿着正确的方向高质量运行事关大学生思想政治教育最终的成果。面向未来，以学生的发展为着眼点，始终是大学生思政教育的重要目标，然而其工作效果的呈现通常具有一定的滞后性，必须要有一个持续发展和逐步提升的系统化过程，所以我们要对大学生思政教育的过程评价给予应有的重视和肯定，始终以动态的、发展的眼光去看待这一问题，重视其发展过程和长期效果。

（1）教育过程评价意义深远

一方面，重点做好大学生思政教育过程评价，可有效改变目前不重视实践、不重视能力、不重视过程的错误导向。学生在情感需求、兴趣爱好、心理发展水平等方面必然有一定的客观差异，只重结果的评价会忽视这些差异，只注重理论知识的传授，不利于学生情感体验和能力的培养。注重对教育过程进行评价，有助于充分尊重学生的差异性，提升教育的针对性，让学生能够在学习的过程中收获良好的情感体验，树立正确的三观，为学生综合思想道德素养的提升提供有效的支持。另一方面，重点做好大学生思政教育过程评价，能够更好地了解教育过程中的一系列新问题，从而及时做出相应反馈调整。作为一个教育者和受教育者交流、互动的过程，教育的过程尤为重要。对教育过程进行评价，可以及时了解和掌握教育者和受教育者的最新进展动态，对教育过程中教育内容的接受情况、教育环境的影响、教育方法的效果、教育目的的实现情况等给出客观评价，针对发现的问题，及时做出相应的反馈与调整，为教育过程的完善和优化提供必要的支持。除此之外，重点做好大学生思政教育过程评价，也是我们动态地连续地全方位地评判思想政治教育的重要渠道，可以帮助我们更有针对性地开展大学生思政教育工作的创新型发展。单纯的结果，必然是静态而单一的，只能关注到当下可见的状态和效果。如果想要了解考察对象的原有基础、发展历程、发展潜力和趋势等情况，必须关注过程评价。开展过程评价利于从前后变化的对比视角进行纵向评价，更详细更具体了解思想政治教育的连续性的发展变化历程、真实水平和K期效果，从而更加有针对性地规范指导思想政治教育工作，推进思政教育创新发展。

（2）教育过程评价内涵丰富

大学生思政教育实际上是一种教育者和受教育者进行沟通、交流的双向互动过程，以一定要求和目的为指导，教育者以一定的方法手段有计划有组织地开展相关实践活动，从而对受教育者产生直接或者间接的影响，这一过程不仅受到主客体的影响，也关乎教学手段、教育环境等多方面的影响因素。此互动联结的过程是否完善且符合实际、合乎规律，必然会对思政教育带来巨大的影响，所以在评价体系构建的过程中应对这一问题给予应有的重视。

教育过程中各种因素、环节的具体发展情况是过程评价的重点所在，涉及的评价要素包括教育的内容、质量、环境、方式、方法等方面的内容，通过过程评价重点关注思想政治教育的动态变化和长远效果。评价的内容包括各评价要素在方向上是否协调一致的横向评价；每个评价因素是否做到了良性循环的纵向评价；过程整体可行性的评价。如思想政治理论课和日常思政教育的具体开展情况、是否构建了"三全"育人格局和"十大"育人体系以及开展情况如何等具体评价都属于过程评价的范畴。

4.教育结果评价

结果评价显然是大学生思政教育评价体系中最为关键的一部分，需要我们给予最高的重视。

（1）教育结果评价意义深远

一方面，积极评价思政教育的结果，是确保教育工作方向正确性的基础。如上文中所强调的那样，大学生思想政治教育关乎培养内容、培养方向以及为谁培养等关键性的问题，所以在实际操作过程中必须重点突出中国共产党的领导地位，始终坚持立德树人为核心的教育理念，为培养出一批掌握扎实学识并拥有崇高道德品质的大学生，做出更为切实的努力。而对结果加以针对性和客观性的评价，无疑是最终检验教育成果的必然路径，尤其是在西方各种资本主义思想侵袭我国青少年大脑的宏观背景下，结果评价可发挥价值导向作用，防止大学生思政教育偏离方向，保证教育工作始终按照马克思主义立场发展和完善。另一方面，积极评价思政教育的结果，也同样是我们找寻客观存在的问题并及时加以针对性改进的重要方面，这对于教育时效性的增强无疑是非常有意义的。客观上来说，有效评价思政教育的结果，不仅能够检验其最终成效，同时也能够较为全面、完整地展现教育过程的相关信息，发现和分析存在的问题，从而提出相应的对策，对思想政治教育进行加强和改进。

（2）教育结果评价内涵丰富

大学生思政教育的最终目标是我们所需要达到的结果和一切工作的导向，是最终取得的实际效果。对教育结果进行评价就是用一定的手段，对大学生思政教育最终目标的实现程度、状况等加以评价和判断的系统过程。具体来说，主要涉及以下三个方面的内容：

大学生思政教育对受教育者的影响能力，包括感染力、凝聚力。根据我国相关政策文件，思想道德素养理论知识教育以及价值观引领，是当代思政教育的侧重点，引导学生坚定"四个自信"；以立德树人为根本，为学生整体道德素养水平的提升提供支持，帮助学生树立正确的"三观"。所以检验和评判思政教育对学生思想和行为的影响程度显然是评价的重要内容，即是否转化为受教育者的思想自觉和行动自觉，特别是面对各种复杂的社会思潮以及复杂的社会现实环境，是否实现了理想价值、道德素养的高度统一。

大学生思政教育是否符合党的事业发展方向和国家建设的总体要求。如上文中所强调的，这一教育实际上涉及为谁培养人的问题，具有一定的政治属性和战略意义。只有满足社会和人民发展的需要，满足党和国家事业发展的战略需要，为其提供保障服务，才能够取得预期中的效果。所以，结果评价必须检验和判断这个结果是否实现了社会价值。

大学生思政教育是否可以为大学生个人成长提供足够的支持。培养德才兼备、拥有出色综合素质的高素质人才，无疑是大学生思政教育最为核心的价值导向。大学生的身心发展需要明确的方向指引，特别是面对当下各种西方资本主义思想的侵袭，思政教育的思想引导和价值引领可以为学生提供自身成长发展的正确方向和科学引导，助力其在新时代实现全面发展。而且结果评价应坚持以人为本的原则，把短期的即时效果和长远的关乎学生一生成长的影响结合起来，检验和判断这个结果是否实现了个体价值，是否让学生产生足够的获得感，是否能够满足其成长的实际需求等。

二、新时代大学生思想政治教育评价的原则

（一）坚持政治评价和业务评价相统一的原则

1. 坚持政治评价

这里我们所强调的政治评价，主要是指判断所开展的教育实践活动是否具有正确的政治方向，是否站在马克思主义的立场上，是否能够为党和国家培养所需要的德才兼备的高素质人才提供保障服务。坚持政治评价是新时代推进大学生思政教育评价工作须遵循的最根本的原则，这是这项工作本身的特殊性所决定的，也是高校意识形态领域面临的严峻形势决定的。进一步创新和优化当代大学生思政教育工作，不仅是巩固中国共产党执政之基的客观要求，也是社会主义事业发展的重要保障。特别是在进入新时代之后，各种资本主义思想潮流激荡以及复杂的社会现实环境导致思想价值多元，各类新媒体的迅猛发展对高校意识形态影响越来越大，以及西方敌对势力在思想领域的破坏，严重影响了高校大学生

思想的纯洁性。为了应对各类严峻形势带来的挑战，巩固中国共产党执政地位，保障意识形态安全，我国各大高校要始终坚持马克思主义的引导，保证正确的政治方向不动摇，以此为基础全面加强大学生思政教育工作。

2. 坚持业务评价

业务评价指的是评判教育实践活动所带来的具体效果，这是我们开展大学生思政教育过程中，立德树人的根本任务以及相应的具体任务所决定的。只有培养出符合时代要求的社会主义建设者和接班人，才能够保证思政教育的正确方向，所以在教育评价的过程中，也同样应以此为标准，判断是否突出德育，是否着眼于人的全面发展，等等。思政教育具体任务在系列重要讲话和文件中有相关规定，如践行社会主义核心价值观、积极主动地构建"十大"育人体系等，这也在客观上为思政教育评价工作指明了具体的方向。思政教育在高校中的具体任务能否高效保质地完成，关乎最终的教育成果，所以业务评价原则是我们在评价过程中所必须重点坚守的基础性原则之一。

3. 坚持政治评价和业务评价相统一

新时代开展大学生思政教育评价，必须将坚持政治评价和坚持业务评价相统一，政治评价关乎性质和方向，业务评价关乎任务和内容，二者缺一不可。

（二）坚持客观评价和主观评价相统一的原则

1. 坚持客观评价

客观评价指的是采取自上而下的形式，由第三方制定评价标准和指标，基于评价对象提供的相应支撑材料及自评报告，对评价对象开展的评价。相对于主观评价来说更为公平、公正，而且也具有较强的强制力和权威性，具有检查、督促、指导功能，可以凭借评优等形式调动评价对象的积极性、主动性和创造性，使之根据评价结果的反馈，确定下一步努力方向，不断获得提升。客观评价总的来说也可以认为是基于客观事实、数据、材料等客观依据进行的评价，不论评价主体是第三方还是自己。

2. 坚持主观评价

主观评价指的是由自己制定评价标准自行实施的评价，以便更清楚地认识自我，发现自身存在的真实问题和困难，从而进一步提高第三方评价的针对性和有效性，实现自我的提升。主观评价总的来说可以认为是基于主观要素、主观感受、主观认知等主观依据开展评价的方式，不论评价主体是自己还是第三方，都有评价者主观因素的介入。

3. 坚持客观评价和主观评价相统一

保证评价主客观相统一要做到三点。首先，要辩证看待客观评价的客观性。客观评价的客观性体现在评价标准制定的客观性、评价内容的客观性、评价方法的客观性。但客观评价并非有绝对的客观性，评价方法的实施过程中多少掺杂着评价主体的主观价值判断等主观因素，再者，评价的内容可以是被准备加工的，带有一定的主观性，所以在评价时对评价内容的真实性要增强辨别力。其次，要正确对待主观评价的主观性。主观评价并非有绝对的主观性，因为任何评价都要基于一定的客观事实开展。最后，要努力实现主客观相统一、相互印证。在具体的评价操作中，主观的感受判断应该和客观的事实材料相一致，如果不一致或者差距很大，就应该进行印证，提升评价的科学性、公正性。

（三）坚持结果评价和过程评价相统一的原则

1. 坚持结果评价

通过科学的方式、方法，评价思政教育的最终目标实现程度的过程，就是结果评价。具体来说，就是评价思政教育所产生的影响力，评价教育实践活动是否能够为党和国家的发展提供足够的支持，是否能够满足大学生自身发展的客观需求。

2. 坚持过程评价

过程评价关注的主要是教育过程中各种因素、环节的具体发展情况，涉及的评价要素包括教育者质量、受教育者接受情况、教育目的、教育内容、教育方法和手段、教育环境、教育活动等，重点关注思政教育的动态变化和长远效果，如各个因素方向上是否协调一致，每个因素是否做到了良性循环。

3. 坚持结果评价和过程评价相统一

大学生思想政治教育工作效果的呈现通常具有一定的滞后性，需要一个逐步显现和不断提高的过程。所以不仅要开展结果评价，还要坚持用动态发展的眼光开展过程评价，强调整体过程和长期效果。评价思政教育实践活动，必须保证过程评价和结果评价的高度统一，从而做到动态评价（过程评价）和静态评价（结果评价）相结合，两者相辅相成，缺一不可。

（四）坚持定性评价和定量评价相统一的原则

1. 坚持定性评价

定性评价一般是用语言描述的形式对评价对象质的规定性进行抽象的综合分析，从而给出确定性质的判断结论，适用于思政教育性质、效果、价值的评价。实际上，思政教育本身所具有的政治属性，决定了对其进行评价，就必然要评价其是否坚持了政治方向性和价值导向性，因此须充分采用定性评价。如学生的思想水平、道德品质等方面的变化情况，以及践行社会主义核心价值观和坚守中国特色社会主义的情况。

2. 坚持定量评价

定量评价一般是采用数值、指标统计形式对评价对象量的规定性进行具体的量化分析，做出定量结果的价值判断的评价。对大学生思政教育的一些具体业务内容所产生的实际效果一般需要对其加以定量评价。如出勤率、活动次数、活动参与人数和人员构成、提交入党申请书的人数等。

3. 坚持定性评价和定量评价相统一

定性评价侧重"质"的判断、抽象分析评判，定量评价侧重"量"的测量、具体测量评判，两者各有所长，优势互补，缺一不可。新时代开展大学生思政教育评价，必须坚持定性评价和定量评价相统一，根据具体的评价内容选择最适当的方法，尽量将两者融合，做出有价值的客观公正、科学准确的综合评判。

（五）坚持精准评价和模糊评价相统一的原则

1. 坚持精准评价

精准评价指的是对评价对象进行科学严谨的评判，注重评价过程各环节以及结果的准确性。在大学生思政教育中坚持精准评价指的是在评价过程中精准地确定评价内容，制定客观的评价标准，制定严格的程序，采用科学有效的方法，提供兼具效度和信度的评价结果。对于思政教育中那些有可测特征，可以进行量化处理的，应精准评价。

2. 坚持模糊评价

这里我们所强调的模糊评价，主要是针对无法量化、只能定性的思政教育内容。不同人的思想道德水平、政治觉悟、道德品质、文化素养都是在不断变化的，对这些变化无法做到精准的评价，只能通过一定的方式、方法预测目标对象的政治觉悟观点、道德品质行为、身心状况的影响，从而总体把握大学生思政教育的质量状况。

3. 坚持精准评价和模糊评价相统一

两者的有机结合，可以极大地提升评价的客观性和全面性。其中，精准评价更为客观、精确，而模糊评价侧重主观性和相对性，两者紧密联系，不可分割，须深度融合。模糊评价不是绝对的、纯粹的模糊，而是在精准评价基础上的模糊，具有相对性，即在思政教育评价过程中精准地确定评价内容，制定客观的评价标准，制定严格的程序，在科学有效的方法基础之上进行模糊评价，这样模糊评价才科学。

三、新时代大学生思想政治教育评价的方法

作为一项长期、复杂的工程，思政教育的评价工作涉及多方面的内容。评价要素复杂，评价主体多元，根据这两个方面的差异，采取有针对性的评价方式、方法是非常有必要的。较为常见的方法主要有如下四种：

（一）访谈法

访谈法指的是以口头的形式进行交谈，并根据访谈对象的回答记录收集客观的不受主观因素影响的事实材料，提供有效的支持。按照具体划分标准上的差异，我们可以将其划分为如下四种不同的类型：重点访谈，也就是侧重点鲜明的有针对性的访谈；深度访谈，即为了了解某种行为表现及背后的思想动机进行的访谈，透过现象看本质；座谈会，即面向多个受访对象一起访谈，受访对象应具有代表性；电话访谈，即通过电话就某一问题进行交谈，收集事实资料的访谈。大学生思政教育评价中用得较多的是深度访谈和座谈会的形式，深度访谈中教师可以了解教师的专业素养、职业技能、教师队伍建设情况、教学质量等，而组织学生进行座谈则可以获得学生作为主体对学校思政教育质量的定性评价。访谈法方便，可操作性强，不需要过多的外部辅助，但缺点是受访谈者和被访谈者双方的主观因素影响较大，会给结果的公平、公正性带来一定的负面影响。所以我们在实际操作中，可通过提前培训等多种方式，尽可能避免主观态度的影响，并且可以根据研究目标选择更具有代表性的访谈对象，或者更为科学合理的分析方式等。

（二）观察法

观察法是指在明确的目标引导下，通过视觉、听觉等感官初步了解被研究者基本情况，必要时运用辅助设备获取更多的信息。观察法不囿于运用人体感官感知，还可以借助照相机、录像机、录音机等辅助设备。相对于其他方法来说，这里我们所重点介绍的观察法的优势在于能够对非语言资料进行细致、全面的收集，条件限制不严格，可重复观察，自然观察获得资料较真实，大量观察利于总结规律性认识。如通过对学校师生的精神面貌、衣着神态、行为表现等的长期的自然的观察，可了解到师生日常的真实状态，总结出学校校

风状况。观察法的不足在于观察受环境、时间的限制，获得的观察资料中有效的、可以量化的、有支撑度的信息较少，且对大量的观察资料的后期整理工作量较大。在实际应用中为了尽量规避不足，可以采取以下措施：借用辅助设备，延长观察时间；缩小观察范围，对典型个案进行长期观察；选用结构性观察法，提前建立观察清单或量表，更易获得可量化的有效信息等。

（三）问卷调查法

问卷调查法是指在调查之前制作科学合理的问卷，在被调查者作答完成后对结果进行分析，收集相关资料信息。问卷调查法应用广泛，有以下优点：节省时间、人力，特别是网络调查问卷的兴起还节省人力、经费，可进行大规模长时间调查；大数据利于调查资料的统计分析，易量化总结，形成调查报告。问卷调查法的缺点是缺乏弹性，预先设计好的问卷题目受主观因素影响有一定的局限性，被调查者回答问题可能会受限，从而漏掉一些关键信息，特别是对于复杂的、不好量化的质性问题，如行为背后的思想动机，难以收集到准确真实的信息。另外，受被调查者主观因素的影响，问卷的回收率和有效率往往会不太理想。所以在实际应用中为了规避这些不足，问卷调查的设计环节至关重要，题目设计、问题表述、信效度等需要反复斟酌。

（四）档案袋评价法

档案袋评价法在实际的应用过程中，主要依靠评价主客体收集和评价材料的方式，以考察目标对象在思想道德方面的实际成长情况，从本质上来说是一种非常典型的质性评价法。突出意义在于是对学生进行连续的、动态的、发展的考察评价，不仅有结果和定性的评价，还有过程和定量的评价，利于学生对自己的发展情况有一定认知，可以在自我评价中激发学习、向上的积极性和主动性。局限性在于档案袋内容丰富多元，导致评价工作量大，而且内容与评价目标不能做到完全一致，对评价效度必然会带来一定的负面影响，针对实际应用中出现的如重结果轻过程、评价主体单一等问题可以进行相应的改进，提高这一方法的有效性。不过鉴于这种方法天然所存在的缺陷，加之"互联网＋"时代大数据技术的发达，可以与时俱进地建立与学生有关的类型多样的网络档案，比如诚信档案、社团档案、党员档案、心理档案、就业档案等，为评价提供重要素材和依据。这些网络档案体系的建立是档案袋评价法在大学生思想政治教育评价中的典型应用。

第二节 大学生思想政治教育教师队伍建设

一、大学生思想政治教育队伍建设的目的

（一）打造一支职业化、专业化、专家化的大学生思想政治教育队伍

大学生思想政治教育队伍是学生思想政治工作的组织者、指导者和实施者，是大学生思想政治教育的主体，屹立于大学生思想政治教育的最高阵地。他们面对的是拥有较高文化层次、具有敏锐的思维能力、善于独立思考、具有批判精神、涉及知识领域较宽的当代大学生。

大学阶段是大学生世界观、人生观、价值观等形成的关键时期。大学生思想政治教育队伍要担负他们政治上的导向、学习上的督促、工作上的示范、生活上的关照、人际关系上的协调等职责，可谓内容杂、任务重、要求高。一个学生政工人员如没有全职的时间和精力，则无法全面深入地了解大学生的思想状况，无法完成岗位要求的重任；若没有丰富的专业知识和技能，也不可能全面分析和准确把握学生思想特点和规律，正确运用科学的思想教育理论、方法和艺术，有针对性地做好他们的思想教育、管理和服务工作；同时，没有渊博的知识和较高专业技术水平，在学生中也没有威信，难以让大学生从心理上认同和接受，进而没有感召力和权威性，工作效果也不会好。因此，职业化、专业化是大学生思想政治教育内在的本质的要求。

（二）适应新时代大学生思想政治教育变化

世界政治正处于多极化、经济全球化和文化多元化的格局之中，我国政治、经济、教育体制改革得到了更大的深化与进步，互联网的普遍使用，给高校在进行思想政治教育工作的过程中带来了极大的挑战，将面临更加复杂的形式，任务也更加繁重，客观上需要学生思想政治教育队伍尽快走上职业化和专业化的道路。这主要是因为：

1.社会变革与进步对学生思想的深刻影响

当今社会处于全面进步与深化改革的时期，各种思潮不断地在社会中涌现，复杂烦琐，社会主义的政治、文化、意识形态都受到了全面的冲击。特别是西方敌对势力，在我国实行对外开放的时期，充分利用人权、民主、民族等问题，加紧对我国实施"西化""分化"

的"和平演变"战略图谋。

通过多种机会和途径向我们青年一代灌输和渗透西方资本主义腐朽的反动的思想观念、政治观点、人生哲学和生活方式，冲击着当代大学生的道德评价防线，腐蚀着他们的精神，造成部分青年大学生世界观、人生观、价值观扭曲，出现信仰危机。

同时，我国正处于市场经济体制逐步完善，政治、经济、科技、教育体制全面改革的关键时期，经济成分多样化，利益主体、利益关系及分配方式多元化，社会生活多样化，社会不正之风、道德滑坡等新矛盾、新问题的不断涌现等，对学生正确世界观、人生观、价值观、道德观、法制观和成才观的形成产生着直接的影响。这些都要求我们密切把握国际国内形势的发展变化，及时准确掌握学生的思想动态，深入细致地做好教育、引导工作，防止错误思想和观念的形成，促进学生健康成长。

2.高等教育及高校内部体制改革对学生工作的严重挑战

第一，学分制带来的新问题。学分制是采用统计学分的方式来对学生进行管理，当前学分制已经成为各高校教学管理体制改革的必然趋势。其强调的是个性化发展、目标管理以及学制弹性化，减弱考勤与日常的监督，淡化学生年级，但也造成了学生班级松散，学生在活动期间缺乏凝聚力，集体教育功能减弱，学生集体意识逐渐淡化；学生在选课的过程中重视数量而忽视质量，目的是获取学分，放松学习要求，或者是一些学生只专心专业学习，而忽视了道德和身心素质的提高。

第二，高校后勤社会化带来的问题。高校后勤社会化是计划经济向市场经济转变在高校的具体体现。学生住宿分散化、生活社会化、活动单位个体化、活动方式自主化是其主要特点。它使原有的年级、班级、寝室等学生工作阵地成了有名无实的集体组织，失去了上传下达各种信息的载体功能，思想教育及管理中的纽带作用减弱。学生与教师、学校的依附性减弱，个人归属感由实变虚。学生自主性增强，自由度增大，集体观念淡化，两极分化严重，自由散漫，懒惰和生活无规律的不良现象普遍存在。另外，校园环境日渐复杂，治安问题增多。

第三，缴费上学与自主择业等的多重压力对学生思想的影响。高额的学费和越来越严峻的就业形势使多数学生尤其是农村学生面临着经济、就业和学习的多重压力，思想和心理负担加重。同时，广大学工队伍在落实学校一些"迫于无奈"的似乎不近人情的催费措施时，自然处于既要关心学生生活，帮助解决学生困难，又要催交学生学费的两难和尴尬境地。难免使学生与学校之间感情受到一定伤害，师生之间产生隔膜，影响着思想教育工作者在学生心目中的形象和威信，进而使工作难度增大。

第四，法制不健全，教育法规体系不完善带来的问题。以《高等教育法》为代表的有关高等教育的法律法规，条文过于原则化实体性和程序性的规范较少。突出地表现在学校、教师、学生三者的责、权、利不清楚，三者之间的法律关系不明确。这些年满18周岁又不同于普通社会公民的在校大学生，有很多方面无相应的法律规范约束其行为。高校权利不明确，责权不相称，面临着仅有有限的权利却要担负无限责任的窘境。学校根据人才培养规律和学校具体教育管理实际制定的有关制度缺少明确法律依据，使高校学生管理工作不时陷入被动和无奈的境地。

3. 学生群体结构变化带来的挑战

随着高等教育逐渐地向大众化和国际化靠拢，各高校在办学主体上也日益多元化。在办学形式和办学层次上更加多样化，扩大的学生的规模、层次和种类，使学生群体也逐渐地复杂起来。独生子女逐渐成为学生中的主体，也有一些大龄或者已婚青年步入校园中，导致学生在思想、个性、心理状况上出现差异，个人素质也有很大不同。同时又由于学习、经济、就业压力和情感纠葛等问题，一些学生出现了心理问题，甚至出现心理疾病和精神疾病，自杀和违法犯罪现象屡屡发生，这些给学生思想教育以及管理工作上带来了很多新的问题，同时各种心理健康教育、婚姻家庭观教育以及法制教育等都在学生的思想政治教育工作占据一席之地。

4. 互联网络的负面消极影响和挑战

互联网络以其特有的开放性、交互性、快捷性、虚拟性、隐蔽性和超信息量等特点，已成为高校学生的第二课堂，而它突出的负面消极作用给学生思想带来了深刻而全面的不良影响，主要表现为：

环境的开放性，使其内容鱼龙混杂，对青年学生的思想、道德和文化意识形态产生极大的不良影响，造成某些学生政治素质下降，道德滑坡，信念动摇。

交流的隐蔽性，使其成为警察监管困难的地方，导致学生网络犯罪行为增多，上当受骗者也不计其数。

环境的交互性和虚拟性，使网络游戏、聊天等吸引无数渴望交流和成功的优秀学生沉迷其中，意志沉沦，玩物丧志，荒废学业，情绪和人际关系等出现严重问题；信息的快捷性，造成教育者和被教育者能够同步接受信息，使教育者的主动和权威地位逐步降低。

其环境的开放性和交互性，使学生对信息的接收有了极大的自由性和选择性，使得教师控制舆论导向的难度增大。这些都对传统的思想政治教育内容、手段和方法等提出了严峻的挑战，对我们思想政治教育队伍的素质提出了更高的要求。

二、大学生思想政治教育队伍建设的策略与途径

（一）强化合作意识，统筹多维力量，形成思想政治教育合力

党政齐抓共管，相关部门和人员紧密配合，形成思想政治教育合力，是党的思想政治教育的宝贵经验。中国共产党刚刚成立时，中央组织机构尚不健全，但设立了组织与宣传部门，负责领导对工人的宣传组织工作，并发挥了重要作用。20世纪80年代后，党的思想政治教育组织机构自上而下更完备和成熟，其动员、组织、宣传的作用更明显。可见，建立健全相应的组织机构和职能部门，党政工团齐抓共管，专业队伍与群众队伍紧密配合，形成思想政治教育合力，是思想政治教育顺利开展和取得成效的重要保证。

高校的根本任务是立德树人，培养社会主义现代化建设的合格建设者和可靠接班人，思想政治教育在完成这一根本任务中负有重要的历史使命，履行高校思想政治教育的社会责任，关键在于能否形成高校思想政治教育合力。高校思想政治教育的力量分散了，就会减弱高校思想政治教育的效果；高校思想政治教育的合力增强了，就会大大提高高校思想政治教育的整体效应。

思想政治教育队伍是加强和改进高校思想政治工作的组织保证和人才支撑。高校能否形成思想政治教育合力，实际上取决于大学生思想政治教育队伍能否与社会、家庭以及队伍内部之间紧密协调、相互配合、相互作用。过去，高校思想政治教育在封闭的环境中进行，缺乏系统的思想和合作的意识，往往依靠大学生思想政治教育队伍自身的力量"单打独斗"，显得势单力薄，效果有限，甚至往往自身的工作努力和成效被校内外其他方面的因素所抵消，局面十分被动。因此，高校在推进思想政治教育队伍建设的进程中，应该强化合作意识，统筹多维力量，注重加强校内外的合作与整合，形成巨大的高校思想政治教育合力。

高校思想政治教育要致力改善学校内部环境，统筹校内多维力量，推进教书育人、服务育人、管理育人相结合，形成高校内部思想政治教育的合力。全国高校思想政治工作会议指出，要坚持把立德树人作为中心环节，把思想政治工作贯穿教育教学全过程，实现全程育人、全方位育人。高校思想政治教育涉及高校多个部门、多类别人员，需要多部门、各类人员之间密切配合，形成思想政治教育合力。高校思想政治教育工作系统具有显著的整体性特征。它虽然是由诸多要素共同组成的，而且目标、内容、教育者和教育对象等要

素都具有自身的功能，但其最佳效果的形成并不是各要素功能简单相加就可以实现的。只有在服从高校思想政治教育整体目标和功能的前提下，充分调动各组成要素的积极作用，并使其密切配合，协同运作，才能共同形成育人的合力，并取得整体最优的效果。具体来讲，就是要动员整合高校内部各种力量，形成教书育人、管理育人、服务育人相统一的全员育人、全程育人和全方位育人的大格局。

首先，大学生思想政治教育队伍内部要协调配合。大学生思想政治教育队伍是一支由高校党政干部和共青团干部、思想政治理论课教师和哲学社会科学课教师、辅导员、班主任和心理咨询教师等组成的专兼职结合的综合性队伍，开展高校思想政治教育工作，任何一支力量单兵作战都是不科学的，都不能达到思想政治教育的综合效果。大学生思想政治教育队伍内部分工明确，有着各自的工作职责：党政干部和共青团干部负责领导、组织、协调，宏观把握工作，思想政治理论课教师和哲学社会科学课教师负责对基本理论、知识和党的路线、方针、政策的传递和培养，是一种显性教育，而辅导员、班主任和心理咨询教师主要负责日常的思想政治教育工作，在对学生活动的组织中、生活的关怀中、就业的指导中展开工作，产生一种潜移默化的影响。但是在合理分工的基础上，大学生思想政治教育队伍内部必须密切配合。如果大学生思想政治教育队伍内部缺乏合作，缺乏信息与资源共享，就不能形成思想政治教育合力，有时还会相互抵消冲突。如有的辅导员对学生的思想政治教育不够重视，经常在思想政治理论课时间安排一些学生来办公室做其他事；有一些党政干部名义上属于思想政治教育队伍成员，但从来都将自己的工作定位于普通的行政工作和管理工作，将自己的工作对象定位于教师而不是学生，而思想政治理论课和哲学社会科学课教师同样也是将自己定位于课程教学与科研，对学生课外的思想政治教育行为一概不关心，认为那是辅导员、班主任的事。事实上，离开思想政治教育队伍之间的密切配合，是做不好大学生思想政治教育工作的。如学生思想上的一些难点问题仅靠辅导员自身的力量是难以有效解决的，必须充分借助思想政治理论课教师的力量，发挥他们在理论教育方面的优势。同时，辅导员可以发挥自身与学生联系密切、能及时了解学生思想动态的优势，收集、整理有关信息并提供给思想政治理论课教师，共同帮助学生进步。所以，在大学生思想政治教育队伍建设的过程中，要充分考虑到队伍内部各支力量的优势和不足，进行资源合理优化配置，促进这几支力量相互配合、相互作用，形成巨大的思想政治教育合力。

其次，高校从事思想政治教育工作的部门之间要协调配合。高校思想政治教育是一项牵涉高校多个部门的集体性工作，必然需要多部门密切配合，形成思想政治教育合力。高校的思想政治教育工作通常由党委宣传部、团委、党校、学生处、教务处和工会、马克思主义学院等单位共同来完成。高校中的马克思主义学院负责理论教学，这是思想政治教育的重要途径。其他的思想政治教育放在学校党团工作、辅导员工作、教学育人、管理育人、服务育人、课外活动和社会实践中来实现。显而易见，高校思想政治教育各部门密切协同，形成合力，方能有效。但是，从目前情况来看，在形成合力共同推进思想政治教育方面，高校做得还不够，存在力量分散的问题。

最后，大学生思想政治教育队伍和其他教职工队伍之间要协调配合。高校承担着培养德智体美劳全面发展的社会主义事业的建设者和接班人的重任，其中德育处于首要的地位。思想政治教育队伍是高校思想政治教育的主力军，但不是唯一力量。其他专业课教师、行政管理人员、教学辅助与后勤人员均承担着结合本职工作开展思想政治教育的任务。高校其他专业课教师、行政管理人员、教学辅助与后勤人员虽然从事的工作内容不同、形式各异，但是在根本目的上是统一的，在教育方向上是一致的，都是为大学生成长成才服务。如果高校教职员工认识不到这种一致性，传播错误观点，必然会削弱甚至抵消思想政治教育工作者的教育成果。例如，马克思主义历来批判"人的本性是自私的""个人中心主义"，引导学生树立集体主义价值观，而一些管理学课程教学中，教师把"人的本性是自私的"当作管理学的人性论基础向大学生做正面讲解。这必然使思想政治教育效果大打折扣，不利于大学生树立马克思主义世界观、人生观、价值观。高校思想政治教育工作是一项系统工程，需要调动各方面的资源和力量形成合力，构建整体性思想政治教育工作模式。构建这一工作模式，需要调动高校教职工参与思想教育工作的积极性，高校必须进一步增强全员育人的意识，采取积极的政策导向，对教师参与思想教育工作进行科学合理的评价考核，及时表彰和奖励思想教育工作的先进典型，还可以在职称评定、津贴评定等过程中充分体现思想教育工作的价值比重，吸引广大教职工参与思想政治教育工作，充分调动其积极性和主动性。

高校部门和各类人员之间协调配合，形成思想政治教育合力，实现"全员育人、全程育人、全方位育人"的思想政治教育工作格局，首先，要明确各部门和各类人员的职责与分工。分工与合作相辅相成，各部门各类人员之间合理的、明确的分工是合作的基础。在高校，几乎所有部门和人员都会与思想政治教育工作队伍发生联系。对大学生思想政治教育队伍而言，他们的职责是比较明确的；对于高校思想政治工作部门而言，在涉及教学业务、思想教育、后勤服务等大的方面的分工是明确的，模糊不清往往发生在具体的、交叉的方面或职责规范的空白点。要改变这种状况，就需要在学校的领导下，划分清楚各部门、人员的责任与任务，规范相关事项沟通与协商的工作程序。其次，要设立协调机构来协调高校思想政治教育系统各部门各类人员工作；要建立相关制度与配套措施，保证协调机构真正发挥作用，如建立定期的学生工作联席会议制度、工作监督报告制度和各部门之间信息沟通制度等。

高校思想政治教育除了要注重加强校内的合作与整合，形成高校内部思想政治教育的合力外，还应该努力改善外部环境，在党和政府的大力支持下，推进家庭育人、学校育人和社会育人相结合，改变高校思想政治教育是高校的"独角戏"的状况，从而形成高校外部的思想政治教育合力。

思想政治教育是全党的事情，是大家的事情，不能只靠政治机关和少数思想政治教育干部去做。把思想政治教育限制在狭隘的小圈子里，必然是冷冷清清、软弱无力、成效甚微的应当发动一切可以发动的力量，调动一切可以调动的积极因素。高校要以开阔的视野，充分整合全社会的人力资源，建立起一支为我所用的权威的资深校外专家队伍。这支资深专家队伍的来源可以是多渠道的，既可以是党政干部、科研机构和其他高校的专家学者、相关行业领域的资深人士，也可以是思想政治工作领域的行家。凭借这支资深专家队伍的专业优势、行业优势、阅历优势、经验优势等，可以从更广阔的视野、更高的层面、更深的思想深度，前瞻性地预测思想政治教育中可能面临的新情况和新问题，迅捷、有效地科学指导思想政治教育工作领域内的相关应对工作，规划和指导相关的工作队伍有效开展工作，从而使高校思想政治教育不管在什么情况下，面临怎样的复杂局面，始终应对自如、切实有效。

实践证明，只有加强高校思想政治教育力量和资源的内外整合，才能有效增强高校思想政治教育的合力，进而提升高校思想政治教育的整体效应，推动高校思想政治教育不断向深度发展。

（二）强化专业意识，健全选优机制，促进队伍职业化发展

思想政治教育是一项专业性极强的工作，思想政治教育工作者必须具有丰富的专业文化科学知识和较强的能力。建设一支高素质的思想政治教育队伍，是新时代加强和改进高校思想政治教育工作的内在要求和迫切需要，而专业化是大学生思想政治教育队伍建设的必然选择和主要目标。思想政治教育队伍专业化是指思想政治教育教师通过专业训练、习得思想政治教育专业知识与技能，并在从业过程中，实施专业自主、遵守专业道德、不断提高专业素质的过程。

合理的知识结构是思想政治教育队伍专业化的前提。思想政治教育是综合性、实践性很强的工作，从事思想政治教育的每一位工作者都必须掌握丰富的知识，具备较为全面的能力结构。

就知识结构而言，思想政治教育工作者要掌握扎实的专业理论知识。思想政治教育是政治性、实践性很强的科学，思想政治教育工作者必须具备扎实的思想政治教育学基本理论和党的大政方针方面的知识。同时，思想政治教育学是一门多学科交叉的应用性科学，它广泛吸收、应用与思想政治教育相关的心理学、教育学、伦理学、政治学、管理学等学科的理论成果，只有熟悉这些相关知识，具备专业知识，才能提高思想政治教育工作者的业务能力和专业水平。还要掌握广博的综合性知识。思想政治教育工作同经济工作和技术工作不一样，它是做人的工作，而人是有感情和意识的，这种感情和意识又是不断变化的，思想政治教育工作有着特殊的复杂性。要做好这项工作，不仅要有扎实的专业理论知识，还要了解经济学、美学、法学、历史学、逻辑学、语言学、文学艺术以及统计学、计算机、网络技术等方面的知识。

就能力结构而言，思想政治教育工作者应该具备较强的工作能力。一是思想政治教育工作者应该具备科学的管理能力。思想政治教育管理就其本身而言，管理的科学化是直接的、根本的目标。科学化的管理是规范化管理、制度管理和民主化管理的有机统一。规范化管理要求在思想政治教育管理过程中遵守科学的程序规范和方法规范，杜绝私人感情和片面因素，使思想政治教育这一系统工程能够协调有序地顺利进行。制度是管理活动正常运行的轨道。思想政治教育解决的是人们心灵深处的思想认识问题，其主旨在于塑造人的思想道德品质。思想政治教育是否切实可行，能否取得预期效果，取决于思想政治教育管理的制度化。思想政治教育工作者只有发扬民主作风，坚持民主方法，虚心接受他人意见、建议，不搞"一言堂"，才能保证思想政治教育目标的实现。二是思想政治教育工作者要具备科学的预测和决策能力。思想政治教育是立足现实、面向未来的活动，其效果只有在将来才能得到体现。因此，强调科学的预测，强化思想政治教育决策的未来意识，有助于遵循人的思想活动发展规律，从而确定思想政治教育的目标并选择合理的实施方案。人的思想具有复杂性、可变性、突发性等特点，如果事先早有预见，就能够使决策更趋于合理，更具科学性，从而制订出科学的实施方案和具体措施，保证思想政治教育工作的正常发展。三是思想政治教育工作者要具备掌握高科技手段的能力。在现代科学技术，特别是现代网络信息技术对人类生产生活影响日益深刻的今天，思想政治教育工作者必须具备运用现代高科技手段的能力，能够熟练应用现代科学技术手段有效地完成思想政治教育任务。

思想政治教育工作的专业性及其对思想政治教育工作者的极高要求，决定了并非任何人都能从事这一工作、胜任这一岗位。因此，高校在配备思想政治教育队伍时要制定一整套选拔、考核的机制，严把入口关，要做到好中选优。这是保证思想政治教育队伍质量的前提，也是确保思想政治教育队伍可持续发展的必然要求。

第一，严格准入条件，确保选优配强队伍。思想政治教育工作是综合性很强的工作，要求思想政治教育工作者必须具备良好的思想文化素质和专精广博的业务素质。

一是明确意识，端正思想，认真鉴别思想政治教育工作者的能力素质。高校要牢固树立思想政治教育工作的首位意识，端正用人的指导思想，做到人尽其才、才、物尽其用，切实把政治觉悟高、综合能力强、热爱思想政治教育岗位的人才选配到思想政治教育队伍中来，不能有谁都能做思想政治教育工作的想法。通过选准配强思想政治教育工作者，推动高校思想政治教育工作持续稳步发展。

二是结合实际，因地制宜，制定思想政治教育不同岗位的选拔标准和条件。中华人民共和国成立以来，特别是改革开放以来，党和政府制定的关于高校思想政治教育的系列文件对高校思想政治教育工作者提出了原则要求，这是我们选拔思想政治教育工作者的基本标准。高校在坚持德才兼备的基本原则和政治强、业务精、纪律严、作风正的基本要求的前提下，要正确处理需要与可能的关系，根据大学生思想政治教育队伍现状和不同类别人员的岗位职责要求，对标准进行细化量化，确定相应的准入标准和条件，选拔政治素质优、思想作风好、学历层次高、组织管理能力强，愿意做、善于做思想政治教育工作的人员来做思想政治教育工作。

对不具备资格或不符合从业条件者，一律不准进入大学生思想政治教育队伍，避免出现什么人都可以做思想政治教育工作的泛专业和泛职业的倾向，严禁杜绝不讲专业和职业要求随进随出的现象。坚持入口的高标准，才能保证队伍的高水平。如果降低准入标准，只会造成思想政治教育队伍的恶性循环，不可能适应新时代高校思想政治教育工作的需要。

第二，坚持标准，公开选聘。高校思想政治教育工作人员的选聘，要在明确思想政治教育的岗位数量和岗位职责的基础上，通过选拔、引进、外聘等渠道，采取公开招聘等方式，经过笔试、面试和综合考核等过程，坚持条件，严把标准，实行竞争上岗，择优聘用，严把入口关，确保思想政治教育队伍的质量。严禁随意降低要求，更不能通过非正常程序，将不合格的人员安排进大学生思想政治教育队伍。

目前，大学生思想政治教育队伍中新进人员大都是从高校应届优秀毕业生中招聘的，总体上说，这些毕业生能够胜任高校思想政治教育工作，有的甚至很快在岗位上做出了显著成绩，但是不可否认，许多从校门到校门的大学毕业生对马克思主义理论的理解、对社会的认识还处在一个比较表面的层次。仅通过一次笔试、面试，是很难深入了解这些学生内心深处的认识的，高校也难以全面准确了解这些学生。如何才能从这些毕业生中筛选出优秀者担任高校思想政治教育工作呢？我们认为要把握好三点：一是切实择优考察，要把学习、品德、现实表现确实优秀的学生筛选出来，重点考察，择优录用；二是要深入面谈，谈话内容要广泛，应当涉及学科理论、时政热点、政治品格等多个方面，从谈话中探查学生的价值观和认识能力；三是适当舍弃，对那些认识问题较偏激、思路狭窄、性格不佳者，哪怕学历高、职称高，也要坚决舍弃。

第三，解放思想，扩大队伍来源。只有队伍来源广了，选择面宽了，才能"优中选优"，才能选准配强大学生思想政治教育队伍。根据高校的实践经验，选拔人才、充实大学生思想政治教育队伍，可以通过以下途径：一是从校内外选拔那些年富力强、具有坚定的共产主义信念、一贯坚持党的基本路线、坚定不移地走社会主义道路、具有较丰富的专业知识、热心于思想政治教育、敢于创新的干部，并将其提拔到思想政治教育的领导岗位上来，依靠他们加强思想政治教育队伍的建设；二是从校内外业务工作第一线的先进分子中选拔，这是充实基层思想政治教育干部的主要渠道；三是从大专院校相关专业（比如思想政治教育、教育学、管理学、心理学、社会学等专业）且符合条件的优秀毕业生中选拔人才，充实大学生思想政治教育队伍。要做好这项工作，高校党委既要解放思想，大胆发现人才，又要严格把关，按组织程序，严格考核录用。

（三）强化创新意识，创新方式方法，提升队伍工作能力

创新是思想政治教育的活力所在。创新是一个民族进步的灵魂，是一个国家兴旺发达的不竭动力，也是一个政党永葆生机的源泉。中华民族是勤劳智慧的民族，也是富于创新精神的民族，现在我们更要十分重视创新。我们政治工作的根本的任务、根本的内容没有变，我们的优良传统也还是那些。但是时间不同了，条件不同了，对象不同了，因此解决问题的办法也不同了在中国特色社会主义新时代和社会信息化网络化的背景下，思想政治教育工作者必须增强创新意识，紧密结合新形势下思想政治教育的新要求和教育对象的新特点，积极创新思想政治教育的方式方法。

思想政治工作要因事而化、因时而进、因势而新。随着中国特色社会主义进入新时代，

思想政治教育的内容、任务都相应发生了变化，对思想政治教育提出了新的更高要求。如果我们仍然运用过去那种比较单调的工作方法，不能掌握和运用适应新形势的工作方法，势必会形成思想政治教育与教育对象相脱离的被动局面，不能达到思想政治教育的预期效果。因此，做好新时代的思想政治教育工作，关键是与时俱进，坚持改革创新，不断探索新思路、新方法，实现自身的不断创新。

时代的发展日新月异，新科学、新技术、新知识不断涌现并逐渐支配着人类的生活。马克思指出："在再生产的行为本身中，不但客观条件改变着，例如乡村为变城市，荒野变为清除了林木的耕地等，而且生产者也改变着，炼出新的品质，通过生产而发展和改造着自身，造成新的力量和新的观念，造成新的交往方式、新的需要和新的语言。"现在的大学生朝气蓬勃、充满活力、积极自信，他们对新知识和新技术非常敏感且乐于接受，但知识体系建构尚未完成，世界观、人生观、价值观尚未完全成形，社会阅历尚不丰富，情感心理尚不成熟。对于伴随互联网成长起来的新一代大学生，如果高校思想政治教育沿用老一套，还是老办法、老方式，拒绝互联网等新技术手段，就会处处被动，难求实效。习近平总书记在全国高校思想政治工作会议上指出："要运用新媒体新技术使工作活起来，推动思想政治工作传统优势同信息技术高度融合，增强时代感和吸引力。"如何运用互联网等新媒体新技术加强和创新高校思想政治教育，使之富有时代活力、更好立德树人，这是高校思想政治教育工作面临的新课题。思想政治工作要因事而化、因时而进、因势而新，要遵循思想政治工作规律，遵循教书育人规律，遵循学生成长规律，不断提高工作能力。要求思想政治教育工作者把握教育规律，以教育对象为本，与时俱进，创新工作方法。

随着时代的发展，高校思想政治教育的环境、条件与对象都发生了巨大变化，创新是必然要求。可以说，高校思想政治教育比以往任何时候都更加需要创新。创新新时代高校思想政治教育，首先是思想政治教育工作者要有创新的意识和理念。思想是行动的先导，理念决定努力的方向。因此，思想政治教育工作者面对信息化、全球化的新时代要有思想的敏锐性和开放度，要及时发现社会生活与学生思想的新变化，把握时代发展的脉络，要有世界的眼光与开阔的胸怀，努力增强创新意识，敢于摆脱传统观念、思维定式和习惯做法的束缚，实现思想政治教育的手段方法创新，使高校思想政治教育"活"起来。

注重引导式教育。互联网是新形势下铸魂育人的重要阵地，占领它就意味着抢占了思想政治教育新高地。要充分发挥校园网的管理优势、力量优势和话语权优势，依托制度机制、宣教策略和技术手段，构筑生动活泼、富有传播力的舆论场。要创设充满正能量的网络空间环境，在正面引导中使大学生做出正确的价值选择。要着力强化互联网信息的权威性和可信度，坚持丰富经典原著、创新理论等教育资源，构建思想政治教育资料库，抢占网络思想教育信息传播的先机和制高点。

实行融合式教育。运用网络工作机制的多变性和网络信息形式多样性特征，以多种方法手段，将不同形式、不同内容的信息进行有序衔接传播，将教育由平面引向立体，由静态引向动态。研发大学生思想调查分析系统，开展网上问卷调查、大数据分析，全面快捷地了解、掌握大学生思想状况，提升思想政治教育的针对性和实效性。

深化互动式教育。与时俱进发展互动平台，紧跟互联网发展潮流，依托校园网开设形式活泼的交互平台，建好论坛、留言板等载体，引导大学生随时随地、不拘形式地发表个人体会感悟，相互交流、相互影响、相互启发，共同进步。精心设置互动话题，从大学生的身边事、困难和疑惑入手，把思想政治教育的目标和大学生的实际需要统一起来，把大学生的现实关切和校园生活融合起来，充分调动大学生参与的积极性。开设心理健康指导网站，普及心理健康常识，为大学生提供在线交流、倾诉心声的渠道，安排心理专家开展网上咨询服务，做好心理疏导，提供心理辅助，及时解决大学生的心理问题。

必须强调的是，创新思想政治教育的方式方法，并不是要否定所有的传统方法。守正创新，坚持好办法、改进老办法、探索新办法，才是正确的态度。在长期的思想政治工作实践中，中国共产党通过不断探索和总结，形成了许多行之有效的思想政治工作方式方法。这些好的方式方法是我们的宝贵财富，是必须继承和发扬的，是新时代思想政治教育方式方法创新的基础和前提。

以理服人。思想政治教育的对象是人，做人的工作就要增强说服力，做到以理服人。马克思指出：理论一经掌握，群众也会变成物质力量。理论只要能说服人，就能掌握群众；而理论只要彻底，就能说服人了。这就要求思想政治教育工作者在做工作的过程中，要耐心细致，做好说服教育工作，对问题的分析、解释要透彻，容易使人理解，从而使工作对象对问题认识比较清楚。

以情感人。思想政治教育是一种集塑造教育、改造教育和养成教育于一体的综合性工作，必须顺应人的思想形成发展规律。思想政治教育工作就是要动之以情、晓之以理、导之以行，才能"润物细无声"，起到春风化雨的作用。

言传身教。思想政治教育工作者是做好思想政治教育的一个活因素。思想政治教育工作者的思想、学识、行为、品德和人格魅力对思想政治教育对象具有极强的示范和榜样效应。要善于发现体现时代精神、紧扣时代脉搏、植根于人民群众、有深厚群众基础的先进典型，大力宣传典型。只有这样，才能提高思想政治教育工作者的威信，提高思想政治教育的效果。

实事求是，一切从实际出发。实事求是，是马克思主义的基本原则，是党的思想路线的核心内容，是一切工作的思想方法和工作态度。思想政治教育工作者必须有实事求是的工作态度，一切从实际出发，在工作中既要与社会生活、单位和教育对象的思想、生活实际及其关心的热点问题结合起来，避免空洞说教，又要善于分析对象的不同，采取不同的工作方法，切忌本本主义和教条主义。只有按照事物的本来面目及其产生情况来理解事物，任何深奥的哲学问题……都会被简单地归结为某种经验的事实。只有这样，思想政治教育才能做到大学生的心坎上，才能收到事半功倍的效果。

（四）强化考核意识，完善激励机制，调动队伍积极性

思想政治教育队伍是高校思想政治教育的组织者、实施者，思想政治教育队伍状况直接决定着高校思想政治教育的兴衰成败。人们奋斗所争取的一切，都同他们的利益有关。利益是人们行动的基本动因，良好的利益激励机制是做好一切工作的助长剂。要增强高校思想政治教育的说服力和感染力，高校必须进一步建立健全科学的考核评价机制和配套的利益激励机制，对思想政治教育工作人员的工作实行从过程到结果的全方位、定性与定量相结合的全面、及时、科学的考核，并将考核结果与思想政治教育工作者的利益挂钩，切实体现"干与不干不一样，干好干坏不一样"，充分调动思想政治教育工作者的工作积极性。

第一，建立科学的考核评价体系。增强思想政治教育的实效性，应建立相应的考核评价体系，将这种体系形成长效机制。

完善考核评价指标体系，提高考核评价的科学性。考核评价指标的确定关系着如何来判定高校思想政治教育工作者的工作表现。确定合理的考核标准，既可以让被评价者有一个努力的方向和标准，又是考核高校思想政治教育工作者的公开、公平的依据。对高校思想政治教育工作者考核，一般包括德、能、绩、勤、廉等几个指标。"德"主要是指思想政治教育工作者自身的政治素质、道德品质和工作作风；"能"主要是指思想政治教育工作者关于高校思想政治教育工作的业务知识和工作能力；"绩"主要是指对思想政治教育工作者的工作效能，如工作数量、质量、效益和贡献等；"勤"主要是指思想政治教育工作者参加学校学院或年级的理论学习和业务学习的自觉性、主动性和出勤情况，以及基本理论、履行职责必备知识的掌握情况等；"廉"主要是指思想政治教育工作者是否廉洁，是否利用工作便利谋取不正当利益。

高校在确立思想政治教育队伍考核标准时，要考虑到思想政治教育工作的特殊性。以

"绩"的考核为例，就不能采取单一的定量方法来考核。思想政治教育队伍的绩效内容与标准明显区别于一般教学科研岗位、行政岗位的教师。一般教学科研岗位有很多绩效可以量化，如课时量可以量化并按量取酬，科研工作也可以按论文数量、等级和课题立项数量和等级等评价，一般行政岗位可以用出勤和工作有没有重大失误等来衡量。但对于高校思想政治教育工作来说，一般的工作态度，如考勤等只是一个标准，其绩效指的是大学生的政治素质和思想道德素质的变化和提高。这个绩效是隐性的而不是显性的，无法用数量来衡量；同时，思想政治教育是长线工作，短期内很难看出效果。因此，高校对思想政治教育队伍进行考核时，要结合大学生思想政治教育工作的特殊性质，坚持定量与定性相结合、以定性为主的原则。一方面，针对思想政治教育队伍日常工作过程的考核可采用一些可量化的数据以使评价更科学、易操作；另一方面，针对思想政治教育队伍工作结果的考核要侧重于设计定性标准来考核，以使评价更全面、深入和有效，能够真正有效地反映大学生思想政治教育队伍的工作实效、工作态度、工作作风和工作能力。

改进完善考核方法，提高考核评价的准确性。考核方法是为获得对思想政治教育工作者的正确认识和评价，在考核活动中所采取的手段和工具。为了实现对思想政治教育工作者工作表现的准确客观评价，也为了公平对待队伍中每一位工作者，高校应该在遵循上级规定的基础上，根据自己学校的特点，确定和完善考核的具体方法。不论何种考核方法，都要坚持民主化、科学化、制度化原则，要拓宽参评主体范围，采用上级与下级相结合的方法，走群众路线，让更多的"知情人"参与评价，改变思想政治工作只对上负责不对下负责的弊端。

规范考核程序，提高考核评价的公正性。考核程序是指考核方进行考核时采取的步骤及具体的操作要求。要真实客观地反映出思想政治教育工作者各方面的表现，考核的程序是制度保障。考核程序主要包括考核准备、考核启动、考核结果确定与反馈等几个环节。考核准备环节应该包括成立考核机构，制定明确考核任务和考核内容，重点确定考核程序、考核步骤等事项；考核启动环节要完成考评对象个人述职和考核机构实地了解考核对象综合情况等事项。这是考核工作的核心环节，其工作的好坏直接影响考核结果，主要任务是准确地把握考核思想政治教育者的全面情况，形成初步的印象和概念，为综合评价鉴定做好准备；考核结果的确定与反馈环节主要是按照提前公布的标准，对考核对象的个人述职材料及考核机构实地了解的材料进行综合整理，做出分析判断，按照既定要求对考评对象做出考核结论，形成书面考核材料并交学校人事部门存档，同时委托考评对象所在部门及时将考核结果告知考核对象个人。

第二，建立完善的激励机制。激励是以外部刺激的方式对人的行为起着加速或抑制作用的一种激发或鼓励，是激发人的行为动机的心理过程。激励分为正向激励（奖励）和负向激励（惩罚）。通过奖励机制，对在高校思想政治教育工作中业绩突出、认真负责的思想政治教育个人或继续努力，也可以对其他相关人员起到某种示范和引导作用；通过制定适当的惩罚机制，对出于个人或单位的主观原因，在高校思想政治教育工作中存在严重懈怠或出现严重失误，造成不良后果的个人或集体进行必要的惩戒，可以阻止其继续犯错，激励其努力向上，对其他相关人员或集体也能够起到一定的警示作用。

建立完善的奖励机制。奖励具有鼓励和导向的功能，是大学生思想政治教育队伍管理不可缺少的一个重要环节。对于高校思想政治教育工作者的奖励，要坚持如下六个原则。一是目标奖励与过程性奖励相结合的原则。所谓目标奖励，就是按照思想政治教育工作者的最终绩效考核结果与高校思想政治教育工作总体目标的契合程度实行不同等级的奖励；除了目标奖励外，高校还应关注思想政治教育个人的具体成长过程，对个人在工作中的工作态度、工作热情、工作责任等也要做出及时的评价，对于那些工作认真负责、热情度高、责任心强的人员，要及时予以表扬或其他形式的肯定性评价，使思想政治教育工作者在成长过程中感到成长的快乐和成就感。二是物质奖励和精神奖励相配合的原则，既有薪酬奖励、职级奖励、物质奖励，又有名誉奖励、成就奖励和先进奖励。三是坚持集体奖励和个体奖励相联系的原则。优异的个体离不开先进的集体，先进的集体必定会产生优秀的个体。四是奖励要实事求是，量力而行，要有所区别，拉开合理档次，不能吃大锅饭。五是奖励要公平，奖的条件、标准要统一，不能因人而异。六是奖励办法和程序要事先公开公布，除非重大性业绩，尽量避免事后临时因人因事设奖。

建立必要的惩罚机制。惩罚和奖励都是组织管理的常设性机制，对于大学生思想政治教育队伍的管理也是这样。奖励和惩罚相辅相成，二者结合使用，才能管理好思想政治教育队伍。惩罚机制虽说短期内会给犯错者带来一定的负面影响，甚至使其直接利益受损，但惩罚机制如果合理且运用得当，也可以起到督促其吸取教训、改正错误、提高工作积极性和责任心、认真履行工作职责的作用。因此，建立完善惩罚机制，对于增强大学生思想政治教育队伍建设实效，也是必要的。结合高校实际情况，高校在建立和执行惩罚机制时，要坚持以下三个原则。一是适度原则。一般来说，高校思想政治教育工作者在工作中出现的问题，属于人民内部矛盾，都属于可教育、可团结的范围。当前，高校思想政治教育面临许多新挑战、新问题，思想政治教育工作难度加大。另外，在一些高校，思想政治教育还没有被摆到应有的位置。这两种情况客观上会影响思想政治教育工作者的工作态度和工作热情。因此，高校在确定惩戒制度时，一定要慎重，要综合考虑造成高校思想政治教育者出现过失或违纪的主客观原因，坚持适度原则，确定惩罚的等级。二是重在教育原则。高校建立惩罚机制的根本目的不是惩罚，而是"惩前毖后、治病救人"，是为了促使被惩罚者自我反思、自我检讨，主动吸取教训，改正错误。因此，高校在惩罚时要细致地做好被惩罚者的思想工作，关注其可能出现的情绪波动和反常行为，并及时予以开导教育，不要使他们背上过重的包袱。三是公平公正原则。惩罚行为可能会给被惩戒者带来身心的伤害，高校在建立惩罚机制时一定要坚持公平公正原则，在客观公正做出考核结果的基础上，严格按照学校相关规章制度，对违纪者做出惩戒的决定，要公平地对待每一位思想政治教育工作者，依法办事。

第六章 "互联网+"时代下高校思想政治教育的创新

第一节 "互联网+"时代高校思想政治教育关系变化与教育模式的创新

一、"互联网+"时代高校思想政治教育关系的变化

教育者和教育对象是思想政治教育过程中的两个基本要素，两者的关系是思想政治教育过程中最基本的关系，在思想政治教育中起着基础性和决定性的作用。教育者与教育对象良好的关系是思想政治教育活动顺利进行的重要保障。思想政治教育所面对的是活生生的人，背后隐含的是人与人的关系，交流者是有思维、有能动性的人。教育的目的就是要引导人们追求更加美好的生活和更加精彩美丽的人生。正因为如此，思想政治教育是具有魅力和生命力的教育活动。

（一）互联网环境下思想政治教育师生关系的转变

信息技术的发展导致互联网已经成为思想政治教育新的载体和新的场域。"互联网+"更是进一步推动了思想政治教育与互联网的融合，使当代思想政治教育再也无法绕开互联网而独自运行。"互联网+"时代，思想政治教育者与教育对象仍然是思想政治教育的两个基本要素，在高校思想政治教育工作中，思想政治教育者与教育对象主要就是指高校教师与大学生。高校教师在开展思想政治教育、实现教育目的的过程中，需要通过互联网这个中介和载体，运用互联网思维，有意识、有计划、有步骤地影响和改变大学生的思想和行为。

1.师生互动时空发生了改变

在现实生活中，人们的交往方式总是受制于其所处社会生产力的发展程度，尤其是科学技术的发展程度。互联网技术的发展，创新了在互联网环境下思想政治教育师生之间相互交流、沟通和作用的方式。在以往的思想政治教育中，教师和学生必须在同一个地方、同一个时间，才能开展面对面教与学的任务，在这种状态下，思想政治教育师生之间的互

动属于同一时空的直接互动。而随着"互联网 +"行动的深入开展，思想政治教育的时空限制被完全打破，教与学可以不受任何地理条件的限制，知识传播和知识获得渠道变得灵活多样。借助互联网平台的思想政治教育使得师生之间经常处于一种时间和空间上分离的状态。思想政治教育师生只要借助互联网这个纽带和中介，就可以将网络两端的师生连接起来，并通过互联网来发生连接，产生作用。思想政治教育师生互动时空疆界的打破，让互联网成为思想政治教育和师生互动的重要场域和特殊环境。移动互联网的跨越式发展，让人们可以随时随地上网，随时随地交流沟通，使得思想政治教育师生互动的场域无限扩大。与此同时，互联网也促使大学生对信息自由交流和自主选择的权利与能力不断提升，信息流动更加迅速，大大提高了师生之间沟通、交流、互动的频率。师生互动变得无处不在，无时不在。

2.师生互动形态发生了改变

互联网世界的符号化、数字化传播构建了一个区别于真实生活的虚拟世界，让身处在互联网这个思想政治教育特殊场域的师生具象隐藏了起来，改变了思想政治教育师生在教育过程中真实在场互动的方式，使人们的互动方式变成了信息化在场。也就是人可以以符号、影像等信息方式展现出来，使符号所指的对象和影像所依托的实体即使并不在场也能使观察者对他们产生一种在场感，某种意义上就是一种虚拟在场。那么这种虚拟在场，使得思想政治教育师生互动不再是直接地感知对方所传达的信息，而是一种间接感知，是虚拟存在的师生之间的互动交往。数字化后的人的虚拟呈现，让师生出现了与真实自我相分离的师生自我，赋予了师生相比物理形态更多的自由和机动性。但另一方面，这种虚拟世界的互动却无法像以往思想政治教育中师生真实互动那样，进行直接、深度、复杂的交流。思想政治教育并不是一般的知识传授，而是通过教育改变人的思想进而影响人的行为的活动。思想政治教育不光是使教育对象实现一个知识"从无到有"的过程，更是一个促使教育对象思想观念"从非到是"的转变，因而在思想政治教育过程中，教育者的示范性教育是非常一个重要的环节。而在互联网教育中，师生难以通过互联网所架构的虚拟世界来全面、真实地探寻各种信息背后所隐藏的真实个体的表情、动作、暗示、情感等复杂内涵，因此，也往往会损害到思想政治教育思想、情感上的沟通和共识、共鸣的实现，思想政治教育者的示范作用发挥受到很大的限制。

3.师生互动关系发生了变化

在传统的思想政治教育中，教育者与教育对象常常处于事实上的心理优势和劣势状态，教育关系呈现自上而下的垂直形态。思想政治教育活动多是单向式的灌输和施与，僵化的教育形式往往遭到学生的抵触。互联网平台的信息呈现开放、交互、平等的特征，网络各个节点之间的联系是随时随地、自愿、平等的互联。互联网文化呈现多元化、大众参与、自主选择等特征，充分尊重每个人的独立个性和自主选择，有力提升了受教育者的地位。互联网催生了一种崭新的人际交往方式和社会现象，互联网的虚拟环境和大众平等参与消除了人际交往中地位、行业等的差别和界限。因此，互联网与思想政治教育的融合，使得思想政治教育的师生双方角色虚拟化，双方关系摆脱了以往教育者居高临下，单方面作用和控制教育对象的单向度教育模式。思想政治教育者和教育对象之间的关系呈现多向互动、交互作用的特点。在互联网世界里，思想政治教育者面对的教育对象可以是一对一，也可以是一对多的关系，还可能是多对多的关系，教育者与教育对象之间、教育对象与教育对象，以及教育者与教育者之间均可以通过互联网进行多向度的交往、沟通与互动，在相互碰撞和比较中加深对事物和现象的认知与理解。促使教育者在多个网络节点的信息多向互动中，接受广泛质疑，检验思想信息传播的正确性和有效性，不断提高思想沟通、教育引导的能力。

（二）正确处理"互联网 +"时代思想政治教育中的师生关系

1. 发挥好教师在思想政治教育中的主导作用

我国高等教育肩负着培养德智体美劳全面发展的社会主义事业建设者和接班人的重大任务：高校思想政治工作直接影响着青年学子的思想观念、价值取向、精神风貌，关乎一代青年的成长成才，要做好高校思想政治工作，在大学生思想政治教育领域落实"互联网 +"战略，需要因事而化、因时而进、因势而新，培养一支专业化和职业化齐备，研究水平和实践能力同高、理论学习和工作技能俱佳的思想政治教育的教师队伍。高校思想政治教育工作者被赋予了多重角色，他们不仅是传道者、授业者，也是指引大学生健康成长的解惑者；而在"互联网 +"时代，高校思想政治教育工作者更是确保思想政治教育互动有效性的主体，面对的是生活在全球数字化、信息化背景下，伴随着互联网高速发展成长起来的，具有更广阔视野和更便捷信息获取渠道的新一代大学生。因此，高校思想政治教育工作者需要积极应对"互联网 + 思想政治教育"的挑战，提高思想认识，转变教育理念，提升育人技能。

第一，高校思想政治教育工作者要加强自身建设。高校思想政治教育工作者做的是传播知识、传播思想、传播真理的工作，是塑造灵魂、塑造生命、塑造人的工作。思想政治教育工作者要努力成长为塑造学生品格、品行、品位的"大先生"，成为学生做人的镜子。

因此，高校思想政治教育工作者首先要当好学习者，主动学习，做到教育者要先受教育。高校思想政治教育工作者要努力提升自身的理论修养，提升中国特色社会主义理论水平，在真学、真信、真懂、真用上下苦功。坚定共产主义远大理想和中国特色社会主义共同理想，坚持中国特色社会主义道路自信、理论自信、制度自信、文化自信，努力做好先进思想文化的传播者，党执政的坚定支持者；高校思想政治教育工作者要注重自身的师德师风建设，坚持教书和育人相统一。坚持言传和身教相统一，坚持潜心问道和关注社会相统一，坚持学术自由和学术规范相统一，要做到自己明道、信道，做好大学生人生道路的引路人、学习的指南者和生活的护航者；面对"互联网＋"的挑战，高校思想政治教育工作者还要运用新媒体技术使思想政治教育工作活起来，要及时掌握信息获取渠道，了解最新教育技术和教育发展趋势，掌握专业教育资源。掌握网络信息制作的相关工具及技术，主动研究慕课、微课教育规律及制作技术，学会制作网络课程的各种网络媒体语音工具、截图工具、视频编辑工具的使用等技巧。努力为大学生建设更加健康、文明、多样、生动的网络文化，组织更加丰富的网上交流和讨论等活动，积极把握好互联网虚拟角色的扮演技巧，不断提高运用大量信息做好思想政治教育工作的能力，推动思想政治工作传统优势同信息技术高度融合，增强教育的时代感和吸引力。

第二，高校思想政治教育工作者要主动了解大学生的实际需要。思想政治教育工作者要主动运用互联网，以网民的身份平等地接近、接触大学生，缩小与大学生之间的地位势差，培养与大学生之间的亲近感。大学期间是大学生不断吸收各种思想养分成长的黄金期，也是大学生形成和选择自身价值取向的关键期。他们思想活跃、兴趣广泛，对各种社会议题有着广泛的兴趣和表达意愿。高校思想政治教育工作者作为"领路人"要主动了解、熟悉当代大学生的互联网情结，理解大学生的互联网行为背后隐藏的利益诉求和情感需要。重视大学生面对社会和个人成长在感情、求职、学业、社会热点等方面出现的疑惑、彷徨、失落等问题。利用大数据分析不同大学生思想情感表达的差异，以及形成这些差异的原因，从而更有针对性地做好大学生个性化的思想政治教育工作。

第三，高校思想政治教育工作者要按照社会发展需要，教育、引导、塑造当代大学生。高校思想政治工作关系高校培养什么样的人、如何培养人以及为谁培养人的根本问题，是办好大学同本之举，关系我国高等教育发展，关系青年成长，关系民族未来。高校思想政治教育工作者要抓好马克思主义理论教育，充分展现中国特色社会主义大学的鲜亮底色。要把社会主义核心价值观教育贯穿于教书育人的全过程，加强中华优秀传统文化、革命文化以及社会主义先进文化教育，加强党史、新中国史、改革开放史、社会主义发展史教育，引导大学生做社会主义核心价值观的坚定信仰者、积极传播者、模范践行者。要引导大学生正确认识时代责任和历史使命，激励大学生自觉把个人理想追求融入国家、民族的事业发展中，勇做走在时代前列的奋进者和开拓者，为实现中华民族伟大复兴的中国梦而努力学习，贡献力量。

2. 充分调动大学生在接受思想政治教育中的能动性

大学生是能够独立思考、做出判断的自然人，他们被手机、电脑、平板等数码产品包围，利用互联网聊天交友、获取新闻、消费购物已经成为当代大学生的生活常态。高校思想政治教育工作者要辩证客观地看待这一现象，认识到互联网是一把双刃剑，它既能推动学生的学习、成长，也能使不少学生因缺乏自制力而沉迷于网络，迷失生活的方向。要增强"互联网+"时代思想政治教育的有效性，就需要充分调动大学生接受思想政治教育的能动性、积极性，促进学生变被动接受教育为主动学习。

第一，高校思想政治教育工作者要注重在思想政治教育过程中的教学相长，对大学生提出的思想观点要进行大胆回应、讨论和交流，丰富大学生的思想，推动其进行深度思维。大学阶段正是一个人思想的半成熟期，容易产生迷茫、冲动、消极等情绪，需要有人加以纠正与引导，让年轻人的热情和动力发挥到更有用的地方。高校思想政治教育工作者要对大学生充分信任，重视大学生一些在"过来人"看来可能幼稚、粗浅的问题，鼓励他们敢于积极主动找寻问题，发现问题，提出问题，并积极寻求解答问题的途径，增强大学生在思想政治教育过程中的自我意识和主动参与意识。

第二，高校思想政治教育工作者要注重鼓励大学生敢于将其在思想政治教育中获得的思想启迪，与其他人进行交流、沟通和互动，促使其自觉成为主动的思想导向者、舆论引导者和价值引领者。当前大学生思维活跃、视野开阔、视角敏锐、善于思考、个性独立，他们对于自己学习、交流的内容与工具选择有很强的自主意识，高校思想政治教育工作者要鼓励大学生敢于将其理解接受的先进思想观念和对马克思主义学习研讨的心得体会等，在课堂内外、校园内外、网上网下的各种活动和交流中进行大胆阐释和表达，鼓励大学生敢于亮出自己的鲜亮底色，展现自己独特的人格魅力。让大学生之间能相互影响、相互帮助，汇聚大学生群体内部强大的正能量。

第三，要注重大学生的自我教育。高校思想政治教育的最终目的就是促进大学生的全面发展、健康成长。在"互联网+"时代，高校思想政治教育要充分尊重学生的自主性和能动性，相信学生有能力自己管好自己。当代大学生出生在国家经济起飞、社会重视教育的年代，在成长中又赶上了互联网的高速发展。这一代人有更高的素质、更强的自信、更强的表达意愿、更多元的人生追求和更宽广的国际化视野。高校思想政治教育工作者不仅仅是教育过程的设计者和主导者，更是大学生自我成长和自我教育的推动者。"互联网+思想政治教育"要求广大教育工作者要注重引导大学生自觉、主动、经常地对自己进行思想政治教育，不断提高其在互联网环境中对各种信息的辨识、判断、选择能力和正确价值观念的内化与外化能力。推动大学生能从互联网世界中获取更加有用的信息、知识和思想营养，不断提升自身的思想政治素质，成为名副其实的思想政治自我教育者。

（三）在实践中促进教师与学生之间的平等交流

在传统思想政治教育中，教育者与受教育者常常处于事实上的心理优势和劣势地位，教育关系往往是垂直型的，教育活动容易陷入"我说你听、我打你通"的单向灌输的困境，难以充分发挥受教育者的主观能动性。"互联网+"时代尊重人性、开放平等的特质，要求思想政治教育工作要适应时代发展趋势，打破这种自上而下的单一教育模式，建立师生平等交流的新型模式，以提高"互联网+思想政治教育"的实效性。

一方面，思想政治教育者与教育对象具有对等的社会地位，享有相同的公民基本权利。社会主义国家是以公有制为主体，人民当家做主的国家。公民没有高低贵贱之分，每个公民都享有宪法所赋予的权利和义务，任何人都不能超出法律之外或凌驾于法律之上。思想政治教育者和教育对象同是国家公民，因此，他们的社会地位与人格是平等的。在高校思想政治教育活动中，师生之间要相互尊重。思想政治教育工作者要克服高高在上、盛气凌人的态度，大学生也要克服轻视甚至蔑视教师及其教育工作的态度，双方要在教育实践过程中，努力营造平等、友善的教与学的氛围。另一方面，思想政治教育者与教育对象还享有在思想政治教育活动中自由发表意见的权利。在高校思想政治教育活动中，教育工作者和大学生都要能充分表达自己的意愿，相互之间要善于理解对方、相互包容，主动献策、密切配合，既要克服教育者"一言堂"或"自由放任"的工作态度与作风，也要克服大学生片面强调权利和自我意识，而不主动配合教育者工作的思想与行为。

此外，教与学是教育者与教育对象的职责，职责的不同决定了教育者的主导作用和教育对象的主动作用。在高校思想政治教育中，教育工作者与大学生之间的作用不是孤立、单向发挥的，而是在交互中发挥作用的。教育工作者的主导作用要在大学生的主动性充分发挥的基础上才能更好地实现，而大学生的主动作用也只有在教师的正确有效引导下才能正向、积极地发挥，两者缺一不可。面对网络空间中多样化的价值取向，教育者既要能对引导受教育者做出价值选择的科学性进行合理化解释，促使受教育者充分认识到价值选择的重要性、方向性，感受到思想政治教育者促进人自由全面发展的诚意。同时，教育者也要鼓励受教育者从自身生活视野出发，敢于提出自己的主张，采取健康的方式进行积极的价值选择，并能对价值选择的理由做出陈述论证，双方进行沟通、讨论，由此确立科学的政治思想观念。思想政治教育者要努力增强理论的说服力，提高理论对现实的解释力，通过提出观点、论证观点，接受受教育者质疑、反驳，然后再回应，循环往复，最终达成共识，全方位、多维度地引领受教育者确立与社会发展相一致的世界观、人生观和价值观。因此，"互联网+"时代，高校思想政治教育要善于利用互联网，构建师生之间主导主动作用的良性互动，改变师生之间相互掣肘的现象。对高校教师来说，需要适应角色作用的转变，学会扮演学生指导者的角色，充分尊重学生自我教育的权利，利用社会环境、关系网络、群体氛围、同伴互动等学习活动要素来辅助大学生自主学习，帮助大学生构建良好的自主学习和自我教育环境，提高思想政治教育的实效性。

二、"互联网+"时代高校思想政治教育模式的创新

教学模式是在一定教学思想或教学理论指导下建立起来的、较为稳定的教学活动结构框架和活动程序。高校思想政治理论课教学模式的创新一直是其教学改革的重要课题，顺应信息化发展趋势，构建思想政治理论课的信息化教学模式将是推动思想政治理论课教学改革的重要内容。

（一）当前高校思想政治理论课教学模式的瓶颈

1. 传统教学模式的局限

传统的教学模式是一种以教师、书本和课堂为中心的教学模式。主要有讲授式教学模式、发现式教学模式、掌握式教学模式等。思想政治理论课传统教学模式普遍以讲授式教学模式为主。这种模式主要强调教学是学生在单位时间内，在教师的指导下高效、集中地学习理论知识，掌握基本知识和技能，满足了我国高校扩招以来，大批量传播中国特色社会主义理论，大规模培养人才的需求。但这种教学模式面对教育信息化的趋势，存在一些不足之处。

第一，传统教学模式过多强调教师在教学活动中的地位，学生的主体性较弱。教师按照自己的思路讲课，学生处于被动接受的状态，教学缺少有效策略激发学生的学习兴趣，很大程度上阻碍了大学生学习的自主性和能动性，不利于培养学生主动获取知识的能力和创新能力，容易引起学生学习的懒惰性。

第二，教学目标单一化。传统的教学模式对于教学目标重点在于指导学生学会所教授的知识，要求学生在单位时间内高效系统地学习，过多关注学生的学习结果而忽视了学生学习过程和创新思维形成的培养。在这种教学模式下，教学能呈现较好的秩序性、规范性，也易于开展教学、管理教学和评价教学，但在一定程度上，也限制了学生创新能力的培养。推进大众创业、万众创新，是发展的动力之源，也是富民之道、公平之计、强国之策。人才是推动创新的基础。思想政治理论课需要破除"重学习结果、轻学习过程"的教学目标，根据大学生实际情况，注重学生在学习过程中获取知识、分析问题、解决问题以及践行道德素养的综合能力，推动学生创新创造能力的培养。

第三，教学结构固定，评价单一模式化。传统教学模式下，思想政治理论课过于强调教师的主导地位，未能真正体现学习者中心地位，教学服务意识较差，难以满足学生的个性化学习需求，难以为学生自主学习提供更好的支持。在评价方式上，传统教学模式更多使用诊断性评价、形成性评价和终结性评价。往往以期末笔试成绩或结课论文的成绩为主，结合平时考勤、作业来给学生定性评价。评价的主体是教师，主要考核学生对知识的掌握程度，关注学习结果的评价，评价机制单一，评价内容标准化、评价方式单调，缺乏个性、多元和弹性，或者只能收集到片段化的评价信息，缺乏可靠的判断依据而过于依赖经验判断或者主观评价。这种评价方式往往难以全面考查学生学习过程的变化，评价缺乏针对性。

2. 信息化教学模式有待完善

随着信息技术的发展，很多高校开始尝试进行信息化教学模式改革，一些高校投入大量资金开展了慕课建设，如清华大学推出国内首个可获得证书认证的慕课项目，杭州师范大学开展慕课学分互认等，取得了一定的成效，但也遇到一些发展瓶颈，如慕课建设虽然拥有了巨大的注册量，但课程完成率却并不理想，我国信息化教学仍存在一些较为突出的问题。

第一，信息技术与思想政治理论课教学要素并没有真正有机结合起来，线上线下教学没有实现一体化运行，因而以教材、课堂、教师为中心的教学模式没有根本性改变，教学目标还是过于注重知识传授，相对忽视了情感、态度和价值观的教育，对学生在线上的学习过程关注不足。

第二，思想政治理论课教师还是扮演着权威者的角色，采取传统的讲授式教学模式。只不过将讲授内容从线下搬到线上，教师从在讲台上讲授变成了在视频里讲授，学生从坐在课堂里听课变成坐在电脑前或拿着手机听课，师生之间缺乏真正平等的交流、交锋和交融。

第三，教学内容难以贴近学生、贴近生活、贴近实际，线上教学内容缺少教师与学生互动情景的设置，课堂教学活动又缺少师生和生生互动，不利于情感教学的实施，难以较长时间吸引学生的注意力和兴趣。

第四，没有完整的教学评价体系。对利用网络平台开展教学活动结束后，往往缺乏一套科学合理的过程性评价体系，使得教师对于学生的学习状况没有一个准确、完整的认知，学生在学习结束后也难以对自己的学习成果进行自我评价。

"互联网+"时代，信息技术的发展对高等教育教学质量提出了更高的要求，传统的教学模式已不能满足当今社会发展和大学生成长成才的需求。推进信息技术与高等教育的深度融合、创新人才培养模式成为高校推进教育信息化所要解决的核心任务。高校思想政治理论课要积极利用信息技术，创新教学理念，重构教学逻辑，丰富教学资源，改变单向灌输的教学方式，改善学生学习环境，努力提升教学效果。结合近年来学术界的研究和各高校的探索实践，基于翻转课堂的线上线下混合式教学模式改革，因其能较好整合在线教育和传统教育，更好调动学生学习主动性，形成较好的"教学相长"模式，成为思想政治理论课教学模式改革的一项重要探索和尝试。

（二）基于翻转课堂的线上线下混合式教学模式

1. 翻转课堂

所谓翻转课堂就是将原来的课堂样态倒过来而形成一种全新的课堂样态，也就是对传统课堂"范式"的革命。传统的课堂范式是以传授知识为主要过程，以班级授课制为主要形式的教学模式，它以教师中心、教材中心、课堂中心"三个中心"为代表。而随着信息化时代的到来，传统的课堂教学范式已不适应信息时代的需求，于是便形成了以信息技术为背景的、以学生的学习活动为主要特征的现代课堂教学范式。翻转课堂的大体做法是，学生在课前进行自定步调的学习（观看视频讲座或阅读文献），课堂时间则用来深化概念和参与合作性的问题解决。这种模式将学习时间进行重新规划和设计，通过对知识传授和知识内化的颠倒安排，改变了传统教学中的师生角色，实现了先学后教和对传统教学模式的革新。正因为如此，翻转课堂具有以下基本特质。第一，翻转课堂的目的在于满足学生的个性化学习能力及方式，学生由被动学习变为主动学习，关注学生学习内在动机的激发，强调学习过程中学生的"做"或"活动"，注重发挥学生在课堂教学过程中的参与者的作用。第二，过程中知识传授和知识内化两个环节。在传统教学中知识传授一般需要通过教师的课堂讲授得以实现，而知识内化则需要学生通过课后作业以及其他学习活动完成。在翻转课堂上传授与转化环节被彻底颠覆，知识传授及拓展在课下完成，知识内化则在课上完成，形成课堂翻转。甚至随着教学过程的翻转，课堂学习过程中的各个环节都将发生变化。第三，翻转课堂在现代信息技术的支持下变得具体可行。翻转课堂是在信息化环境中教师提供以教学视频为主要媒介的教学方式，学生在课下观看教学视频，教师与学生在课上通过答疑、协作探究和互动交流等方式完成教学活动。

2. 混合式教学

混合式教学为高校思想政治理论课创新教学模式、深化教学改革提供了新的思路。目前，国内外专家对混合式教学的定义侧重点各不相同，归纳起来有多种教学理论的混合、多种学习环境的混合、多种教学方法的混合、多种教学资源的混合、多种教学风格的混合、多种学习评价的混合等。混合式教学侧重于将传统课堂教学和网络教学的优势相结合，改变教师和学生的角色，体现"以学生为主体，以教师为主导"的教学理念，教师起到引导、支持、监督、控制的作用。学生充分利用教师创建的环境，自由、自主地开展学习。同时，混合式教学可以充分利用各类教学资源，拓展学生的知识面，还可以通过各种教学方法、教学媒体、教学策略等的优化组合、合理利用，发挥学生的主体作用，培养学生的积极性和创造性。

3. 基于翻转课堂的线上线下混合式教学

"互联网＋"行动计划的提出，要求教育行业要响应政府要求，彰显互联网在思想政治理论课教学改革中的优化和集成作用。创建基于翻转课堂的线上线下混合式教学模式，成为思想政治理论课契合时代发展新趋势的现实需要。

基于翻转课堂的线上线下混合式教学是指在混合式教学中引入翻转课堂的理念，在将传统课堂教学与网络教学优势相结合的前提下，为学生提供更为个性化的学习时间、空间和网络渠道，使学生能根据自身情况完成课前自主学习任务，以便在课堂上有更多的时间和机会发挥主观能动性，更好地扮演课堂教学过程的参与者角色，深入挖掘学习潜力，实现"以学生为主体，以教师为主导"的教学理念，从而切实提高教学质量。

基于翻转课堂的线上线下混合式教学需要实现线上、线下教学的有机结合。一方面，线上教学与线下教学是现实与虚拟的关系。线上教学虽然在网络虚拟空间进行但并非脱离现实。线上教学不能脱离多年来的线下教学理论积淀、实践经验、工作队伍以及形式手段，离开了这些基础性经验，线上教学就会如无本之木，难以稳固生长。而线上教学的实际效果也要以现实问题的解决为依据。网络上反映的政治、思想、道德以及价值观等问题往往来源于现实生活，是现实社会问题在网络上的集中反映和聚焦放大。线上教学要注重对现实问题的释疑解惑。另一方面，线上教学是对传统线下教学的延伸和拓展，是思想政治理论课教学发展的新形态——线上教学拓展了思想政治理论课教学的实践和空间，时效性不断提升，覆盖面不断扩大。互联网技术使思想政治理论课教学内容和素材得到了极大丰富，线上与线下共同作用于教育对象，对其塑造正确的"三观"起到了积极的作用。通过网络，大学生可以更加主动全面地搜集学习资源，自主选择相关信息进行自我教育和对信息进行二次传播，激发了大学生在线上教学中的主体意识。同时，网络资源的快捷性和实时性也让线上教学弥补和消除了线上线下教学的时差，更加凸显线上教学的有效性。因此，思想政治理论课利用信息化手段，充分借助和发挥网络技术优势，开展线上线下混合式教学，在师生之间架起更加广泛、更加迅速沟通的桥梁，贴近大学生，增强教学实效性。

基于翻转课堂的线上线下混合式教学需要建构互动相融模式。互动相融模式是一种基于互联网与教育深度融合的背景下，以"互动"为核心，将在线教育、面授学习、小组协作交叉互融实现意义建构的新型教育模式，使网络化学习与传统教育从二元对立转向二元融合，使互联网与教育真正融合，使教学过程更加智能化、舒适化。一般而言，学习过程包括知识传输和知识内化两个阶段。在传统教学模式下，知识传输大都在课堂上通过教师讲授等方式来实现；知识内化过程则一般在课后完成，通过学生复习、做习题、参加社会实践和教师辅导答疑等方式来实现。而基于翻转课堂的线上线下混合式教学将互联网教学与线下课堂教学相结合，借助现代信息技术手段，将学习过程的两个阶段进行了"翻转"：知识的传输从课堂上迁移到课堂之外，通过学生课前个性化的线上学习来实现；而一部分知识内化的功能则从上课之后转移到课堂上，在教师引导下通过学生的合作探究、练习巩固、反思总结、自主纠错等方式来实现。显然，这种教学模式可以更加有效地激发学生学习的积极性和主动性，促进学生的自主学习和合作学习，有利于教学效率的提高和教学效果的改善。

（三）完善慕课教学模式建设

统筹建设覆盖全国高校的思想政治教育慕课平台。慕课平台建设包括网络教学传输和交互系统、网络教学资源系统、网络教学管理系统以及相关服务人员等要素，其搭建需要物质和技术的等多方面的支持。高校必须重视慕课平台基础设施的建设，投入大量人力、物力、财力积极进行建设。此外，慕课的建设应该坚持开放性，不能只是个别学校、个别专家进行研究开发，应推动不同层次学校都能自由进入并共同开发建设。国家应该积极推动由重点建设到普遍建设的慕课建设战略。由国内具有较高学术科研能力的高校带头进行慕课课程和平台的开发，再以此为中心由点及面地向四周高校辐射，推动慕课技术的完善和普及，吸纳更多高校投入到慕课开发中来，最终建成具有全国影响力的高校思想政治教育慕课平台，覆盖全国。

提供更加优质的思想政治教育慕课资源。慕课平台上所提供的课程是供全国甚至全世界学生学习的内容，因此在课程质量上进行严格的把关，保证课程质量的高水平，提供优秀的线上课堂资源。慕课课程的开发者，应该是具有较高科研水平的思想政治教育工作者，在理论和教学实践上均有深厚积累。同时，思想政治教育慕课课程的制作者还应该具有较强的工作责任心，在慕课制作过程中一丝不苟、精心设计，在课程制作前做好充分的调研和准备，从源头上保证思想政治网络课程精品、精致。

健全激励机制，鼓励教师积极探索慕课模式。高校和教育机构要认可慕课在教育教学中的价值，积极推广，鼓励教师利用慕课进行教学创新。高校要健全教师进行教学创新和教育改革的鼓励激励机制，要加强对思想政治教育工作者的网络技术的培训，邀请慕课课程研发的先进代表来校进行交流座谈、分享经验。同时，对于积极参与、探索慕课课程设计的教师，要进行表彰和奖励，调动教师参与网络课程制作、应用网络课程的积极性，形成全校崇尚科学、崇尚创新的氛围。

第二节 "互联网+"时代高校思想政治教育课程与教育路径的创新

一、"互联网+"时代高校思想政治教育课程的创新

课程设计是课程论中的一个基本问题，是将课程基本理念转化为可操作的课程实践活动的一个桥梁。课程设计水平不仅能反映课程理论研究的成果，更是制约教育教学质量的重要因素。课程设计的实质是在教育目标的指导下，对课程理念和操作技术进行系统规划，从而将知识经验进行有效选择和重组，使其面向未来社会成员的生存和发展，展现课程的价值和地位。

从宏观层面来说，课程设计是对课程理念、价值取向、课程目的、课程任务等方面的系列设计，一般由国家或由国家委托相关领域专家学者进行具体设计。思想政治理论课是巩固马克思主义在高校意识形态领域指导地位，坚持社会主义办学方向的重要阵地，是全面贯彻落实党的教育方针，培养中国特色社会主义事业合格建设者和可靠接班人，落实立

德树人根本任务的主干渠道，是进行社会主义核心价值观教育、帮助大学生树立正确世界观、人生观、价值观的核心课程。展现了国家对高校思想政治理论课地位和重要性的充分认识。从微观层面来说，课程设计更注重技术方面，考虑具体课程的结构、组织形式、内容的选择和操作等问题，是将宏观层面选择好的价值落实到具体的课程实践中，是切实提高课程实施有效性的关键步骤。

办好思想政治理论课，事关意识形态工作大局，事关中国特色社会主义事业后继有人，事关实现中华民族伟大复兴的中国梦。从宏观层面来说，实施高校思想政治理论课建设体系创新计划需要遵循坚持理论与实际相结合、坚持教学与科研相结合、坚持教师讲授与学生参与相结合、坚持课堂教学与日常教育相结合、坚持思想政治理论课与专业课相结合、坚持校内与校外相结合的基本原则。从微观层面来说，当前高校思想政治理论课课程设计则需要积极应对"互联网+"时代的挑战和机遇，运用互联网思维，更新课程建设理念，借助互联网技术和平台，充分考虑大学生学习方式的特点和变化，完善课程内容，设计更加合理的课程形态，有效推进课程改革。

（一）课程设计要以人为本

"课程是为了培养人和教育人而产生发展的，培养人是课程的本体功能，一旦离开了这个本体功能，课程便不复存在。"因此，帮助大学生健康成长，将其培养成中国特色社会主义事业合格建设者和可靠接班人，是高校思想政治理论课课程设计的根本性目的，"互联网+"时代高校思想政治理论课就是要以能最优化地服务于发展中的大学生作为自身努力的根本方向。要推动思想政治理论课从"关注知识的传授"向"关注学生的发展"转变。课程是教育活动的核心载体，以往的思想政治理论课教学较为注重对学生进行理论知识的灌输，课堂主要采取集中讲授的方式，使学生常常处于被动接受教育的地位。而互联网消除了人际交往中地位的差别和界限，使得思想政治教育的师生双方角色虚拟化，教师居高临下的地位被改变。"互联网+"的发展，催生了更多打破传统讲授方式的课程，如慕课、微课、翻转课堂等，推动学生走进课程建设和教学过程的中心位置。课程的设计不仅要考虑知识传授的系统性、整体性和整合性，更要充分考虑学生的未来发展和终身学习的需要，考虑学生的接受能力、学习方式、生活环境、学习空间等实际情况。

课程教学过程的每一个环节都要以学生为中心，为其创设更为合理、优化的课程学习内容和课程参与环境，将学生与课程紧密融合，强调锻炼学生的思考、表达、合作学习、自主学习以及研究性学习的能力等。在思想政治理论课的课程设计中，要充分考虑利用大学生手中的智能设备，促使这些设备成为每一个思想政治教育的终端。在思想政治理论课的慕课、微课、翻转课堂设计和建设中要考虑两方面：一方面要试图通过多种媒介"各尽其用、各成其美"，为大学生的学习活动提供更多类型的学习工具和学习手段，满足大学生不同层次的学习需求；另一方面，还要设计相关环节对大学生进行网络学习的指导，帮助本身知识水平较低和信息技术水平不高的学生，使其尽快适应网络学习的要求。课程设计要充分利用网络平台和技术，努力实现线上与线下、网络与课堂、校内与校外等教学场域的有机结合，建立一个包含学生自主学习探索过程的教与学动态互动的机制，充分调动大学生的能动性，带动其全程参与课前网络学习—课中研讨互动—课后实践探索相结合的学习过程。推动大学生在教师的指导下自觉进行自我塑造和自我教育，实现教学目标。

课程设计要加强对学生情感的关注。情感对学习者的学习成效有较大的影响。积极的情感能提高学习者的学习效率，消极的情感则会降低学习者的学习效率和效果。思想政治理论课的情感教育不同于其他课程，具有崇高情感的特点，在其课程内容和方向上都指向对社会主义核心价值观的践行，强调培养大学生对推动中国特色社会主义事业发展，实现中华民族伟大复兴中国梦的使命和责任。因此，在课程设计中，思想政治理论课要注重教材体系向教学体系的转换。要将教材中观点鲜明、论证严谨的理论情境向现实情境转换，将冷冰冰的理论知识转换为有温度、有人情关怀的思想政治课程内容。要善于将教材文本话语向课程教学口头话语转换，使用通俗易懂、活泼生动的语言体系，用学生听得懂的话语阐释深刻的马克思主义理论。在教学方法上要注重师生共情氛围的营造，所谓"感人心者，莫先乎情"。思想政治理论课教学要考虑学生思想认知水平和心理承受能力，面对学生成长过程中的困惑和认知误区，利用触手可及的案例，进行润物无声的疏导，妥善应对、合理解决和纠正学生的错误观点，既能表明态度，又不过于尖锐。让思想政治理论课成为理论知识的解码器，突破理论与大学生实际生活之间的隔阂，增强其对思想政治理论课程内容的情感认同。

（二）课程设计要具有可实践性

思想政治理论课必须与大学生日常生活紧密联系，才能将课程内容融入大学生实际生活，满足大学生精神需要，适应其成长规律。第一，在课程设计中，思想政治理论课可以采用任务驱动的方式，组织学生结成学习小组。为学生介绍日常生活密切相关的案例，以问题的形式导入课程，引导小组内部进行分工协作，分头查阅相关资料，并及时进行汇总整理。设计相关环节，引导小组成员共同分析、讨论案例，让大学生在团队协作中共同学习、共同成长，增强课程内容的实践性。第二，思想政治理论课可以充分利用网络教学平台，在课堂教学前，以任务的形式让大学生在教学平台上与大家分享课前学习的经历与感悟，促进师生之间、生生之间的相互了解和情感交流。此外，课程也可在网络教学平台上设计相关讨论主题、发布作业和任务，或向大学生推送相关案例视频，并设定完成时间，要求学生对相关议题发表观点和评论，在完成任务的基础上对其他同学的观点、作业或任务完成情况给予匿名式的评价，帮助大学生克服交流恐惧和懒惰，推动其积极勇敢地加入讨论。促进大学生为解决具有挑战性的问题而合作、讨论、共享解决思路，拓宽学习视野，学会多角度审视问题，并反思自身不足，及时做出调整。让思想政治理论课的学习不再满足于学生听，而是让课程成为需要师生共同建设，师生不断参与、不断建构的课程，让大学生全程参与课程的实施，从而更好地激发和维持大学生的学习兴趣。

（三）课程设计要具有可生成性

所谓生成，是与现成或预成相对应的，未完成且永远处于生成变化的过程。就像马克思所说："世界从本质上是某种从混沌中产生的东西，是某种东西发展起来的东西、某种逐渐生成的东西。"世界上的一切都是在创造中产生的，人也是在不断的创造中实现自我完善和自我超越的。课程学习本身就是一个具有生命、不断发展衍生的过程，是一个充满不确定性和多种可能的过程。因此，生成是人与课程的根本存在状态和方式。思想政治理论课的课程设计要充分考虑课程的生成性。"互联网+"行动的推进，让互联网平等、开放、连接一切的思维介入思想政治理论课的建设中，让生成课程成为培养具有创新意识和创造能力的人的重要寄托。思想政治理论课的生成性要从课程知识的生成性、学生学习过程的生成性、师生互动的生成性等方面进行设计。第一，思想政治理论课课程知识不是静态封闭、提前"预设"好的，而是在课程实施过程中师生共同参与生成的，具有过程性、参与性、开放性和进化特征的知识。课程知识是学生在课程实施过程中发挥主观能动性，通过收集材料、讨论、交流、提出问题、发表评论、参与实践等途径，不断产生过程性信息的知识，而非学生单一被动接受的知识。学生在过程性信息的生成过程中，对课程知识并不会不偏不倚地全盘接受，而是立足于自身的价值观念和文化基础之上，积极地将课程知识内化为自身经验的过程，是学生主动探索、创生新的意义的过程。也是学生融入自己的思想观念，与教材内容、教师、同学开展对话交流，进行全维度融合，促成知识内化与外化相统一，不断生成动态知识的过程。第二，学生对课程知识的吸收不是被动接受单向灌输和教育的过程，而是主动建构生成知识经验的活动。"互联网+"时代，由于整个课程实施过程始终处于开放的信息环境中，学生对预设好的结论性知识的掌握已不再是最终的学习目的。学习并非被动接纳知识和信息，而是主动建构自身对知识的理解、分辨、选择，最终生成自己的认知、结论和经验的过程。因此，在"互联网+"时代的思想政治理论课教学中，学生的道德养成始终处于一种无法完全预设的动态生成过程。这样的动态生成的过程，恰恰是更好地推动学生主动学习、学会学习、终身学习的重要渠道。第三，思想政治理论课还要注重师生在教学过程中的主动性与能动性。课程建设的最终目的不是为了课程本身，而是为了促进人的发展，教师和学生才是课程真正的主宰者。课程设计要符合教师与学生的生活实际，要便于师生将课程内容与自身生活经验进行连接，从而促进师生对课程知识的吸收消化。另外，课程是由教师和学生共同缔造的，不是预先设计好的固定发展路径，师生基于自身的理解而产生的新知识、新体验和情感态度、价值观等都是生成性课程资源，是课程生成的潜在开发者。

（四）课程设计要注重课程整体性与碎片化和泛在化学习的相统一

随着移动互联网技术对人们生活、工作和学习的渗透性影响逐渐加大，各种学习资源越来越呈现开放和碎片化态势，"互联网+"时代的课程设计已无法回避学习资源碎片化给学生学习方式带来的影响。将课程内容碎片化处理将更有利于学生灵活、更加有针对性地吸收课程内容，以便保持学生较高的学习注意力和兴趣。而为学生学习提供一个无所不在的泛在化学习环境。使学生可以随时随地学习、随时随地生成课程，丰富课程资源成为当前课程设计的一大挑战。思想政治理论课需要适应移动互联网技术的发展趋势，设计更好的学习资源和学习环境，支持大学生碎片化学习和泛在化学习，同时也要注重对碎片化和泛在化学习的有效整合。第一，思想政治理论课需要在碎片化学习的视角中设计相应的微课程，满足当前大学生学习需求。所谓微课程仍属于课程范畴，因此具有课程属性，包含课程设计、课程开发、课程实施、课程评价等内容。在课程设计过程中，还要兼顾教学内容、教学服务、教学互动等方面的协调一致。在设计上，除了要利用图片、图像等元素动态呈现教学文本的内涵，以便学生准确掌握具体课程内容外，还要注重创设问题情景以吸引学生的注意力，注重学生对课程情节的体验以促发学生对知识的理解与吸收，并要注重激发大学生的启发以引导学生按照学习进程进行深入思考。思想政治理论课要注重将中国特色社会主义这一宏大的理论体系进行专题式转化和"微处理"，使其内容聚焦，时间短，突出核心知识，侧重以问题为导向，引导大学生聚焦现实探讨解决问题的方案。在微课程的表现形式上，要与大学生日常生活进行融合，选取源于大学生日常生活的素材丰富思想政治理论课的生活语言，运用互联网整合课程信息传播网络，并推动高校思想政治理论课教师通过微信、微博、QQ 等不断跟进课程实施，丰富课程资源，满足大学生泛在化学习需求。第二，思想政治理论课的微课程设计还要体现课程的有序性和整合性，以帮助大学生获得学习的整体性和系统性思维。碎片化的知识都是有连接点的，可以用无数的方式加以组织、联通、结合和再造。微课程不仅仅是对课程内容的"微化"处理，也可以支持完整的课程结构、完整的教学流程和完整的教学活动。一方面，每一节微课程设计都要在第一时间抓住学生的兴趣并唤醒先前的知识，通过微课程回顾旧知识的设计将很好地把不同微课程关联起来，帮助学习者建构稳固的知识体系。同时，每一个微课程的内容设计都要注重历史与现实的整体性、理论与实践的整体性、人与社会的整体性，有意识地引导学生将碎片化的内容放在历史发展的脉络和社会整体环境中进行审视，培养其整体意识。另一方面，微课程也可以利用移动智能终端、网络教学平台和软件支持系统，通过对学习活动的有效设计，建设泛在的学习环境，呈现有步骤、有计划的完整的教学过程。软件支持系统可以为学习者泛在学习提供基本的支持工具；网络教学平台可以通过优化学习管理系统，为学习者提供必要的论坛空间、各种媒体资源、及时的评价反馈，以及基于大数据的学生学习分析和学习指导等，为学生个性化学习提供一系列的学习服务，支持学生利用智能终端开展泛在化学习。同时，思想政治理论课可以充分利用网络教学平台按照教学的逻辑思维，有步骤地合理安排不同的教学活动，从而有效促进学生对课程内容的深入认知和加工掌握，为学生架构一个由不同微课程共同构建的完整的教学过程，帮助学生对碎片化的知识和信息进行有效整合，引导其在理论与实践、过程与方法、情感态度与价值判断等方面得到整体性发展。

（五）课程设计要强化"教与学"的交互

思想政治理论课要坚持在改进中加强，提升亲和力和针对性，满足学生成长发展需求和期待，就必须加强师生之间对话交流活动的设计，强化师生之间"教与学"的交互，提高课程的实效性。思想政治理论课教师要熟悉线上线下实现对话的途径，采用相关学习材料增强对话的有效性，缩短师生交互的距离。在互联网教学环境下，思想政治理论课"教"与"学"的边界逐渐模糊化，自上而下单向度教育的模式被打破，平等交互成为新型师生交互模式。课程设计要善于利用互联网构建师生之间主导主动作用的良性互动，以更好发挥教师的主导作用和学生的主动性。互联网为"教"与"学"的互动提供了优良的条件和技术支持，思想政治理论课要设置多渠道对话途径以实现师生之间、生生之间的良好对话交流。一方面，教师要根据学生需求、能力、个性和心理特征等因素，设置适度的线上线下课程师生对话，进一步优化疑问、对话、合作等互动形式。并在"教"与"学"的互动中，实时掌握学生的学习状况和掌握程度，及时调整方法，使师生对话保持适度和恰当的状态，深化思想政治理论课线上线下教学互动的广度、深度和延展度，促进"教"与"学"之间的互动渗透和相互促进，使教师能更加有效地关注学生学习动态，也让学生在平等交互的教学形态中感受教育的现实指向，更容易结合自身实际情况和成长目标进行学习。另一方面，思想政治理论课也要善于利用互联网平台，通过学生手中的移动终端，发挥 QQ、微信等平台的传播效果，设定与课程内容相关的问题、答疑等，从不同层面向学生推送学习内容，扩展课程资源。师生之间可以运用图片、文字、声音、视频等多媒体传播形式进行实时沟通互动，进一步加强"教与学"的交互。此外，在课程设计中，还要为学生的自主学习提供必要的机会。师生之间"教与学"的交互可以缩短师生之间的距离，提高学习积极性，但这种距离并不是越小越好。距离太近，会让学生的学习自主性下降，学习所承担的责任和具备的能力都会受到限制。因此，课程设计还要注重师生之间交互距离的合理控制。

（六）课程设计要合理运用技术

课程是学校育人的核心中介，随着人类信息技术的发展，课程也必将不断地加以改造和革新。但无论在课程中纳入多少崭新的技术要素，说到底，技术都是为人服务的，任何技术都不能颠覆或遮蔽人的根本性地位。因此，课程设计也必须紧紧围绕育人这一根本出发点，统筹思考技术规律和技术理论，才能实现课程的信息化与人的发展之间的良性互动。"互联网 +"时代，思想政治理论课必须加强技术与课程的深层次耦合，才能使技术更好地服务于课程目标的实现。第一，"互联网 +"行动的推进，并不是要在课程设计中实行对技术的绝对推崇，其最终目标依然是要通过技术促进学生的发展和完善。"互联网 +"时代多种技术媒介可以让课程内容呈现立体、鲜活、动态的形态，也能使学生的学习活动开展获得更多的学习工具、学习手段和学习平台，为进一步优化教学活动创造了有利的条件。与此同时，信息技术的发展也让学生的学习打破了时空的限制，有利于满足学生的个性化学习需求。可以说，技术为课程带来了海量资源，为课程活动开辟了更加广阔的空间，也唤起了师生感官之间的配合与协作。但是，技术与课程质量优化之间并不具有必然的因果关系：人们在新的技术面前，总是容易过高估计它的短期潜在影响，而夸大技术的预期效益。对课程而言，无论是何种技术的引入，它所提供的都只是一种课程改进的可能性和方式。它能给教学方式、教学模式以及教学理念等带来变化，通过一系列先进的科技理念渗透以及技术方法的有效使用，有助于实现思想政治理论课程教学的终极价值追求。但无论技术如何改进，都丝毫不能掩盖思想政治理论课"树人"的目的。在思想政治理论课教学中，现代技术的应用不是单纯为了增强课程的技术存在感，而是为了帮助学习者更好地掌握课程内容，如果过于强化技术则会让并非重点的技术及其表现力分散或削弱需要强化的课程内容，违背利用技术推动课程目标实现的初衷。因此，思想政治理论课的课程设计不能只重视技术，还要综合考虑各种技术在课程实施中的有效性，合理选择恰当的技术手段改进教学方式方法。第二，"互联网+"时代，思想政治理论课要合理利用现代教学技术手段和传统教学方法。"互联网+"不是对传统教育的全盘否定和彻底抛弃，而是将传统教育和现代信息技术深入融合，以促进教育的升级转型。在思想政治理论课教学中，现代技术的应用要和传统教学方法统筹结合，协调使用。事实上，网上丰富的课程资源并不能完全替代课堂教学，思想政治理论课不仅需要进行理论讲解和知识传授，还包含情感教育的内容，需要教师与学生面对面地进行交流和对话，"晓之以理，动之以情"，才能达到释疑解惑、坚定信念、传递正能量的效果。因此，思想政治理论课不能简单地利用信息技术将线下课程内容信息化和数据化，也不能与传统教学完全对立。课程设计需要在传统教学方法的基础上，结合学生实际和社会发展状况，使用技术优化课程资源配置，坚持通过网络技术手段和课堂常规教学手段的有效互补来提高课程实施的实效性。

二、"互联网+"时代高校思想政治教育路径的创新

（一）建设高素质的思想政治教育队伍

1.更新教育者教育理念

思想的进步和观念的更新引导着人类社会的每一次重大变革。教育理念的更新，是推进"互联网+"与大学生思想政治教育融合的先决条件。教育理念蕴含于教育教学的全过程，体现教育者对教育本质的理解，是指导教师组织教学活动、坚定教育信念的思想基础。"互联网+"时代，教育者教学理念必须随时代同步发展，树立起"互联网+"的教育思维和以学生为主体的思想理念，以适应变革中的思想政治教育工作。

树立"互联网+"的教学思维。随着"互联网+"时代的到来，大学生思想政治教育与网络的融合已经成为大势所趋。但是，思想政治教育工作者的网络化理念觉醒尚不充分，对"互联网+高校思想政治教育"持观望的态度。针对这种问题，高校在推进"互联网+"

进高校的过程中，要提高教师对"互联网＋"的认识程度，帮助教师更新观念，自觉树立"互联网＋"思维。首先，要加强在教师队伍中宣扬"互联网＋"理念，引导思想政治教育工作者正确认识"互联网＋"的内涵和意义。通过组织学习和开展讲座，让教师认识到"互联网＋"的变革性意义，自觉拥抱"互联网＋"。其次，要在教育教学中鼓励创新，通过完善奖励激励机制，鼓励教师积极利用网络资源与平台进行教学改革。形成在整个校园中积极拥抱"互联网＋"的改革创新的氛围。最后，教师要在实践中积极探索运用"互联网＋"。改变原先故步自封、拒绝变革的态度，以开放包容的心态去接纳"互联网＋"，在摸索、实践中深化对"互联网＋"理念的认识，逐步提高应用"互联网＋"提高思想政治教育工作实效性的能力。

坚持学生的主体地位。大学生思想政治教育是一项培养人的活动，其目的就是要实现学生的全面发展，帮助学生完善个性，成为符合时代和社会要求的栋梁之材。马克思关于人的全面发展的学说，是实现思想政治教育目标的理论根基。在推进思想政治教育发展创新的过程中必须坚持以人为本，在教育教学中坚持学生的主体性地位。同时，对人性的关注是"互联网＋"的本质特征之一。因此，在"互联网＋大学生思想政治教育"中坚持学生的主体地位，既是思想政治教育的根本要求，也是"互联网＋"时代要求的体现。在"互联网＋"环境下，实施大学生思想政治教育要坚持以学生为本，从学生的需要和接受程度出发来设计教学环节，坚持学生的主体地位，鼓励学生去自主学习、合作学习，激发学生探索知识、学习知识的内在动力。在对学生进行思想关注和价值引导的过程中，要考虑到学生的心理状态，要尊重、理解和爱护学生。教师同学生进行交往，要平易近人、亲切和善，师生之间应该是一种平等融洽、互敬互爱的和谐关系。

2. 提升教育者的网络媒介素质和网络教育能力

"互联网＋"时代对高校思想政治教师提出了更好的要求，除了要具备扎实的专业基本素养还必须具备利用互联网开展思想政治教育教学的能力。这二者如舟之两桨、鸟之两翼，相互配合、缺一不可。只有同时兼备才能适应"互联网＋"下大学生思想政治教育改革的需要，实现"互联网＋"背景下大学生思想政治教育的良好实效性。教育者要加强知识学习，提升知识素养。树立终身学习的理念是教师职业道德的要求之一。思想政治教育者需要不断对自己进行"充电"，才能保持自身创造力的不竭和知识结构的不断完善。"互联网＋"时代，教育者需要通过知识学习来提高自己的专业素养，适应"互联网＋"的教学需求。首先，要继续不断学习思想政治教育学科理论和相关专业知识。思想政治教育理论是一门随着社会的发展变化不断向前推进的学科，教师需要不断加强学习、时常充电来保证自己掌握最新的学科成果，从而实现教育内容更加充实和与时俱进。其次，要不断学习网络信息知识。互联网在教育行业应用融合是时代发展的趋势，如果教师不能及时跟上脚步，强化自身的网络素养和网络教学能力，终将被时代淘汰。因此，教师要努力学习计算机应用知识，了解"互联网+"的运行原理和基础设施，掌握网络环境课程建设理论。

教育者要在实践中积极应用和探索"互联网+"的教育教学方式。理论只有真正应用于实践才能实现其价值。因此，"互联网+"背景下的教育工作者除需要提升理论素养外，还需要在实践中积极探索和应用"互联网+"，提高实践应用能力。第一，思想政治教育者要具有探索精神，积极探索网络教学方式与课程的结合，探索出符合学科规律、符合学生需要、符合教育目标的优质网络课程；第二，掌握校园网、红色网站、BBS、微博、微信等网络交互平台和社交软件的使用方法，利用多元方式密切与学生的联系，密切关注学生的心理状态与想法；第三，积极动员学生参与到"互联网+"的思想政治教育中，指引学生正确使用网络。

高校不断完善教师队伍培训制度和鼓励政策。为提高思想政治教育工作者的整体素质水平，高校应该积极组织教师进行学习培训并将此制度化、常态化，在提升教师队伍水平上狠下功夫。高校应该定期、有组织、有计划地开展网络信息技术培训，从教学理念、知识理论和实践操作等多方面组织学习，提高教师操作网络能力，能利用网络筛选收集教学资源，使教师能有效利用网络开展教学和日常思想政治教育工作。学校还要完善激励政策，对能积极利用网络开展教学和学生管理的教师进行奖励，激发教师学习和应用网络的热情。最重要的一点，高校还应该建立考核考察制度。从德、能、勤、绩四个方面对教师进行考评，通过个人考评结果给予相应的奖励和惩罚，督促教师不断提升教育教学水平。

3. 构建齐抓共管的组织机制

目前，大学生思想政治教育工作者主要是"学校党政干部和共青团干部，思想政治理论课和哲学社会科学课教师，辅导员和班主任"。要实现"互联网+"背景下思想政治教育队伍整体功能水平的发挥，还需要进一步优化思想政治教育队伍的结构，构建齐抓共管的组织机制。

要坚持在党委的统一领导下，由党委宣传部牵头总抓，各学生工作部门、团委、统战部、保卫部、各学院各司其职、密切配合，同时动员广大师生积极参与，形成齐抓共管的"互联网+思想政治教育"工作格局和组织保障体系。首先，要发挥好校党委的领导核心作用，充分认识到"互联网+"时代下思想政治教育工作的严峻性，"把思想政治工作贯穿到教育教学的全过程"，严肃认真地对待意识形态工作。由校党委牵头成立"互联网＋"背景下的大学生思想政治教育小组，把各有关部门的人、财、物资源组织起来，大力推动"互联网＋大学生思想政治教育"工作的展开。其他工作部门和二级学院要积极参与、协调配合，加强对大学生网络行为的管理，提升网络道德和行为规范。其次，要配齐建强大学生思想政治教育工作队伍，统筹推进高校党团干部、学生工作负责人、思想政治理论课程教师、辅导员、心理咨询教师协调行动的思想政治教育队伍建设，造就一支既有专家教授，又有校院领导，既有课程教师，又有心理工作者、辅导员参与的"互联网＋思想政治教育"队伍。

建设"互联网＋思想政治教育"队伍，还要积极发挥学生干部和学生组织的积极作用。成立由学生干部或有较高思想政治觉悟的学生代表组成的网络志愿者队伍，参与网络联络、舆情监督、价值引导工作。发挥校园学生组织、学生团体的校园影响力，动员他们参与到校园网络文化建设中，积极传播具有正能量的声音，通过网络评论和舆论导向弘扬文明风尚。

（二）提高大学生的网络素养

学生是"互联网＋大学生思想政治教育"主体，学生网络素养的实际具备情况直接影响着其对"互联网＋"下教育教学内容的接受程度。学生既是思想政治教育活动的参与者，也是思想政治教育效果的体现者。因此，要增强"互联网＋大学生思想政治教育"的实效性，必须重视大学生网络素养的提升。就目前来说，我们可以从提高大学生的网络应用水平、培育大学生的网络道德以及加强网络法治意识来实现。

1.提高大学生网络应用水平

"互联网＋"不仅催促着高校教师不断提高其信息媒介素养，也对高校大学生的信息素养提出了更高要求。第一，提高大学生的网络操作水平。以文献检索课和计算机课教学为核心，提升网络应用和操作能力，重视培育学生的网络信息意识。深化大学生对"互联网＋"理念理解，引导大学生正确认识"互联网＋"对大学生思想政治教育的影响，激发学生自觉接受"互联网＋大学生思想政治教育"的新型教学模式。第二，提高大学生网络学习能力。慕课、微课等网络教学手段是近几年才兴起的事物，在学生中的普及应用情况还不乐观。教师要帮助学生正确使用互联网教学工具，提高其学习的积极性和实现教学效果。第三，要提高大学生进行网络信息筛选和使用的能力。教育者要学会帮助学生利用网络来收集有意义的教育信息，帮助学生群体制作、传播各种健康向上的信息，提高学生在繁杂的信息海洋中捕捉有效信息的能力。在信息技术课程中，还要帮助学生形成正确的判断能力和行为能力，自觉抵制有害信息，提高正确使用网络信息的能力。

2. 加强大学生网络道德教育

网络实现了人的社会关系的丰富和发展，为实现网络交往的和谐文明，网络道德规范应运而生。在网络交往的过程中，网民们应该自觉以此为绳，约束自己的网络行为。但是由于大学生尚处于心理发展的健全期，道德自律性不高，在网络对其身份的隐藏下，极易产生网络道德失范行为，甚至做出违法乱纪的事情。因此，要实现"互联网＋大学生思想政治教育"实效性的提高，必须在较强对大学生的网络道德培育上狠下功夫。

启发大学生的网络道德自律意识。网络道德的形成应该是一种自觉、自发的行为。只有从内心真正对网络道德怀有敬畏之心才能自觉依从网络规范来参与网络生活。对大学生来说，要加强在网络道德方面的自我修养，增强网络自律意识。在参与网络的过程中，大学生应该积极主动地去学习、深化对网络道德的认识，保持文明、友善的态度进行网络交往，从内心深处认同网络道德、积极拥抱"互联网＋"。同时，在认识、接受网络道德的基础上，磨炼果断、坚强、自制、勇敢的道德意志，树立守卫道德的正义感和使命感，在参与网络世界的实践中，践行网络道德行为、培养网络道德习惯。

健全和完善高校网络道德教育。高校是对大学生进行网络道德培育的关键力量。要适应"互联网＋"对大学生网络道德方面的更高要求，高校首先要在课程开发上体现对网络道德的重视。在课程开发上可以借鉴国内外在网络道德方面课程建设的经验，开设网络伦理道德教育、信息素养培育等方面课程，利用"思想道德修养与法律基础"等公共课深化学生对网络道德以及《全国青少年网络文明公约》的认识。通过多种渠道进行网络道德宣传工作，开展有利于增强学生网络道德自觉性的校园文化活动，利用"两微一端"（微信、微博、客户端）的德育平台宣传加强对学生的"三观"引导，帮助学生正确认识网络现象，形成正确的价值判断和行为选择。辅导员要加强对大学生网络行为的监督和引导，以线上、线下两种渠道对学生进行网络道德教育，实现网络行为与现实教育管理相对接。

发挥家庭教育和社会教育对大学生网络道德培养的作用。大学生网络道德培育需要发挥社会各方面的合力。也就是说，无论学生个体、高校、家庭和社会都应当在大学生网络道德培育事业中积极承担自己的责任。作为家长，应当成为孩子的人生导师和榜样。在对孩子进行网络道德教育方面，家长要以身作则，对孩子形成良好的示范作用。此外，家长要承担起对孩子网络道德行为的监督引导责任，教导孩子文明上网、正确使用网络。在社会大环境中，要形成崇尚道德、崇尚文明的风尚。宣扬网络道德规范，动员社会力量共同建设绿色、文明的网络环境，严厉打击网络犯罪，根除网络毒瘤。

3. 强化大学生网络法制教育

"互联网+"使教育的环境变得更加复杂。在规范大学生网络行为的过程中，道德和法律应该相辅相成、共同作用，引导大学生规范使用网络还应该对其进行网络法制教育。高校应该充分利用"思想道德修养与法律基础"课程以及校园活动宣传法治理念和知识，培养大学生的法律意识，真正做到知法、懂法、守法、用法，合理合法使用网络技术，正确利用网络发表观点评论，不触碰法律的底线。增强大学生的网络安全意识，保护自己的个人隐私，在遇到网络侵害行为时，举起法律的旗帜捍卫自己的权益。在对大学生进行法制教育时，要避免单纯理论说教造成的苍白无力，要积极丰富教育方式，采用案例分析、情景模拟、实践教学等方式使教学生动起来，创设轻松愉悦的学习氛围，增强法制教育的实效性。高校还应该引导学生在网络生活中践行法制观念，遵守网络世界的法律规范，提高学生运用法律保护自己、抵制网络侵害的能力。同时，要健全校规校纪中关于合理使用网络的制度规范，不断完善网络行为的现实约束管理制度。

（三）充分利用网络载体构建新阵地

"互联网+"下的大学生思想政治教育必须实现教育走进学生的生活，尤其是网络生活。对于学生活跃度较高的网络平台，思想政治教育要及时投入关注、参与进去，将其划为思想政治教育的新领地。"两微一端"和网络论坛也成为大学生思想政治教育的重要建设内容。

1. 加强高校校园网站建设

高校校园网是高校面向学生服务的窗口，承担着服务师生、宣扬社会主义核心价值观、对大学生进行思想道德培育的重要任务，是"互联网+"下开展大学生思想政治教育的重要阵地。校园网由学校官方建立，保证了内容的权威性和教育性。同时，校园网以本校学生为服务对象，保证了网站内容贴合校情、学情，教育的针对性更强，效果更好。但是目前，我国许多高校在校园网站的建设中还存在着一些问题，需要各高校在校园网建设方面投入更多关注，充分调动各方面力量，建立和完善校园网。

一方面，要完善校园网的服务功能。校园网是一个综合性的平台，为学生全面发展提供多样化的服务。例如，利用校园网的图书管理系统，学生可以利用文献数据库检索网络学习资料、阅读电子书籍，充实知识学习；利用校园网的就业、创业平台，学生可以获取招聘信息、了解就业和创业政策；利用校园网的心理咨询平台，学生可以得到心理疏导、排解忧郁。校园网的各项服务功能为促进学生全面发展提供了资源与平台。高校要不断发展和完善校园网的服务功能，投入更多人力、物力、财力建设网络系统，优化旧功能、增添新服务，满足学生发展的新需要。

另一方面，要强化校园网的思想政治教育功能。校园网的建设必须坚持马克思主义的立场，把握政治方向，面向学生传递党的声音和社会正能量，使校园网成为培养大学生政治立场、对学生进行思想和价值引导的重要阵地。校园网的内容要及时丰富和更新，不仅要包括校园新闻、校园风采，还要提供国内外的时政新闻、社会热点。校园网内容设计要用心，标题要具有吸引力，表现形式要多样化，使文字、音乐、视频都成为弘扬主旋律的载体。不断丰富校园网的版块，设立一些贴近学生生活与需要的栏目，融思想性与趣味性为一体，增强学生对校园网的关注度。利用校园网举办丰富多彩的思想政治教育主题活动，丰富思想政治教育的实践形式，提高学生对思想政治教育内容的接受度。此外，还应该积极开辟校园网互动平台，为学生提供思想交流的天地。目前，手机等移动终端不断普及，高校还应该积极开发校园网站手机端，满足学生随时随地对校园网的关注，实现"互联网+"下的校园网真正成为学生的一种生活方式。

2. 加强对网络论坛的舆论引导

以校园 BBS、百度贴吧为代表的网络论坛是高校大学生钟爱的网络活动场所。在这里，各种有趣的思想碰撞出新的火花，有价值的信息得到交流和扩散，师生们会聚于此，围绕着感兴趣的话题展开交流。论坛给予了人们思想表达的空间，是"互联网+"下的大学生思想政治教育可利用的重要阵地。但同时也因为论坛的弱约束力和开放性，使它成了负面网络舆论发酵的温床，一些错误的、虚假的、无根据的观点被不负责任地表达出来，扰乱了网络安定，产生了严重的危害性。因此，高校必须加强对网络论坛的管理，做好网络舆论引导工作。

第一，要建设一支专业的校园网络舆情管理队伍。从素质要求上看，这支队伍的成员既要有高度的政治素养又要有敏锐的洞察力、分析能力，要既懂思想政治教育，又懂网络管理，只要不断提高管理人员的素质，才能实现良好的舆论管理效果。第二，要及时了解和把握舆情动态、引导网络舆论。思想政治教育工作者要对网络论坛进行密切的关注，收集网民的观点和意见，对于不同言论采取不同处理方式，消除网络舆论的负面影响，扩大正面舆论的积极作用。具体来说，对于错误、反动、无中生有、歪曲事实的言行，要及时删除或通过引导正面力量对其批判来消除。对于一些合理的、反映学生需要与利益的言论，要积极给予重视，积极向上级反映。第三，在网络论坛舆论引导的过程中，要有意识地创设话题引导师生讨论促进学生深化对时间和话题的认识，在讨论的过程中慢慢将舆论引向预期的方向，帮助学生树立正确的价值观。第四，高校思想政治教育工作者在管理网络论坛过程中，要注意教育手段的灵活，采取一种柔和的手段来进行引导，体现"以理服人和以情动人"，避免疾风暴雨式的方法激起学生抵触情绪。总之，要对网络论坛加以合理的利用和管理，使其成为推动"互联网+大学生思想政治教育"的重要工具。

3. 充分利用即时性网络通信工具

即时性网络通信工具已经成为现代青年人的一种生活方式。尤其是随着技术的不断升级，即时性通信工具的功能越来越完备，不仅满足了人们社会交往的需要，还成了重要的学习工具和工作助手。目前，网络通信工具的种类变得越来越多，但QQ和微信是最普及的两种，高校教育在利用即时性通信工具密切学生联系过程中，要积极运用这两种工具。

利用QQ和微信的群组功能实现师生之间的良好互动。通过在QQ和微信软件中设立班级群，将班级活动空间由线下拓展到线上，为师生之间的交流提供了便利。高校辅导员或班主任可以利用通信软件及时将上级的文件、通知传达下去，同学们也可以将情况和问题及时告知教师，方便了学生管理。同时，QQ和微信也提供了师生之间思想交流的空间。同学们可以在班级群内进行生活交流、学习讨论，教师亦可以通过参与学生的话题与学生融为一体。同学们还可以利用这种非面对面的聊天方式将平时想说又不敢说的话向教师倾诉，有利于营造和谐、融洽、友爱的班级氛围。

利用QQ空间以及微信朋友圈了解学生日常生活。QQ空间和微信朋友圈是学生记录生活、表达情感的个人天地。思想政治教育工作者可以通过与学生互加好友，进入学生的朋友圈，了解学生的日常所思所感。在学生产生心理困惑和生活困难时，及时对学生进行帮助。如果发现学生有一些偏激、不当的言论，可以及时对学生进行引导，帮助学生形成正确的价值观念。

利用微信自带的信息发布平台对学生形成日常影响。目前，高校越来越注意到微信公众平台对学生思想与行为的影响力。通过官方微信平台，可以及时发布校园新闻，提供学生服务，对学生进行思想和价值引导。阅读微信平台发布的文章，已经成为学生校园生活的重要部分。高校要不断完善微信平台建设，发挥新媒体在大学生思想政治建设中的重要作用。

4. 发挥微博平台的思想政治教育功能

微博是进行大学生思想政治教育的重要平台。目前在高校微博建设中还存在着很多问题，对学生需求的满足还不充分，微博的空间环境还很复杂，需要高校在微博建设中投入大力气，实现微博平台的思想政治教育功能充分发挥。

完善学校、学院官方微博的建设。完善校园、学院官方的微博建设要做到五方面：第一，要提高官方微博管理团队的整体素质，尤其是网络素养，提升管理人员的操作技能和操作技巧；第二，提升平台发布内容的质量和数量，在内容选择上既要有思想高度又要"接地气"，素材选择要新鲜，更新要及时，保证内容"又好又多"，在潜移默化的教育中提升学生思想道德修养并完善学生的人格；第三，要发挥好微博在高校形象建设上的作用，增强同学们的母校自豪感、荣誉感，使其更加爱校爱生活；第四，在微博上要加强与学生的互动，体现官方微博的人文关怀，同时发挥微博的舆论引导作用；第五，增加校园微博的服务功能，提供和发布一些关于学术研究、生活服务、心理调节、道德和法律修养的内容，促进学生全面成长成才。

鼓励高校辅导员开通工作微博。辅导员是大学生思想政治教育的骨干力量，是学生的人生导师和知心朋友。高校教师积极开通微博，可以方便对学生进行生活关注和思想引导，是推动"互联网＋大学生思想政治教育"的重要途径。辅导员可以利用自己的工作账号发布自己对生活、对时政、对社会话题的感悟，将正确的价值理念传播出去。同时辅导员还可以利用微博及时关注网络的舆论动态，通过分析舆情及时采取措施，避免消极舆论的滋长蔓延。辅导员还应该积极利用微博的互动功能，在微博平台发起对社会话题的讨论，给学生表达思想的平台，通过思想交流使学生获得启发，在潜移默化中使学生受到教育。

（四）净化大学生思想政治教育网络环境

保障网络环境绿色、安全是"互联网＋"与其他行业融合的基础，也是"互联网＋大学生思想政治教育"的根本要求。"互联网＋"与大学生思想政治教育的融合需要健康的网络环境做支撑。从国家角度来看，要不断加强对网络环境的监管与净化，通过完善网络运行的法治建设来为网络环境保护建立起制度屏障。同时，在网络安全防护技术方面需要不断地更新、升级，提升技术水平。这些将为"互联网＋"与大学生思想政治教育的融合提供牢固的"铠甲"。对于高校来说，发展"互联网＋"时代背景下的大学生思想政治教育工作，还需要高校做好校园网络安全的保障工作，加强对校园网的监管，保证学生网络使用环境的安全、清朗。

1.完善网络运行法治建设

法治建设是和谐社会的基础，网络作为社会生活的重要空间也必须坚持依法建设，这既是网络社会和谐发展的客观需要，也是保证"互联网＋大学生思想政治教育"取得良好实效性的保障。互联网不是法外之地，法律制度的完善将极大推动网络环境的不断净化，保证网络空间安全、有序，为"互联网＋大学生思想政治教育"提供重要保护屏障。完善网络空间法治建设方面，可以从三个方面着手：

（1）完善网络安全法律法规建设。我国在网络安全立法方面起步较晚，发展缓慢，直至 2015 年 7 月才拥有第一部《网络安全法（草案）》。这是我国在网络安全立法征程中的重要阶段性胜利，但这部法律也仅仅是草案，还存在很多值得商榷的地方，我国在网络安全法律法规建设上继续狠下功夫。首先，要加快网络安全立法进程，形成一部符合当代社会发展现状、具有较强操作性的《网络安全法》。其次，各地方和行政部门要结合地方实际和部门特色积极建设地方网络安全法案和行政法规。同时，注重各法律法规、地方性法规和行政条例之间的系统性和协调性，形成配套的法律法规体系。最后，要对已经建立的法律法规进行及时的修订，保证法律能适应技术发展的新水平、解决新问题。

（2）加强网络执法队伍建设。在强调立法的同时，我们还必须不断加强网络执法队伍的建设，保证法律在实践中得到良好的运行。现如今，网络犯罪的技术手段越来越高超，大多数犯罪者都拥有很深的计算机专业背景。网络犯罪打击难度一再升级，对网络执法者的能力要求也越来越高，加强网络执法人员的队伍建设刻不容缓。目前，我国已经成立了网络警察队伍，承担守卫网络的重大责任。加强网络警察队伍建设有三点要求：首先要提高政治素养，具有高度的政治责任感和使命意识；其次，要不断提高网络警察的网络素养，具备计算机网络知识和技术技能，可以操作高、精、尖的现代设备对网络犯罪进行打击、追踪；最后，还要不断提高网络素养，提高执法水平和业务能力。目前，世界各大国都十分重视网络执法人员能力建设，在培训和制度管理方面都积累了十分丰富的经验。我国要积极借鉴国外经验并结合国情形成自己的特色，提高网络执法人员提高维护网络安全的能力。

（3）加强网络安全国际合作。网络空间是人类共同的活动空间，网络空间前途命运应由世界各国共同掌握。面对网络发展带来的问题和挑战，任何国家都难以独善其身。由于网络的自由性，国家的界限被模糊，这也使得网络犯罪可以轻易跨越国界，打击难度进一步加大。由于各国的国情、民族情况和价值理念的不同，各国的网络法律存在很大的差异，造成了网络犯罪确定方面的司法冲突。而且，因为网络中国界的不明确，使得网络警察的巡逻领域出现空子，使得网络犯罪分子可以逃脱法律追踪，成为漏网之鱼。这是网络社会治理的极大隐患。因此，在打击网络犯罪、治理网络空间方面，需要世界各国联合起来，形成网络治理的牢固盾牌。通过合作，制定网络治理的国际法规以及国家间条约，织就一张无缝的法网，形成共同打击网络犯罪的合力。

2. 提升网络安全技术水平

网络环境监管需要网络安全技术的不断升级来提供保护伞，"互联网＋"与各行各业的融合保驾护航，这也是实现借力"互联网+"推动高校教育改革的题中之义。目前，我国社会各界最关注的网络技术方面是：AI、区块链、云计算、大数据等技术。这些技术是屏蔽网络病毒和垃圾信息，保护网民重要文档、识别用户身份、保护个人隐私的重要工具，是网民信息安全的技术保障。随着网络技术的发展以及网络犯罪的猖獗，人们越来越期盼更加安全、可靠的方式来保护自己的网络生活。尤其是大学生，安全意识较为薄弱，要积极迎接"互联网+"、积极参与到"互联网+大学生思想政治教育"中，就需要技术的不断成熟提供保护。"互联网+"要走进大学走入学生生活，这就需要科学技术工作者在技术研发上不断创新，实现网络安全技术的不断升级。

3. 构建校园网络信息安全监控体系

高校在迎接"互联网+"的同时，也要积极建筑起保卫网络安全的牢固围墙，重视网络安全管理工作，构建校园网络信息安全监控体系。

建立校园网络信息安全管理责任机制。建立健全网络信息安全管理责任机制，确定网络安全管理的领导机构和责任部门，明确各主体的权责，合理进行工作分配，促进各部门协调配合，实现各司其职、各尽其责、相互配合、齐抓共管的工作局面。完善网络安全管理制度，规范网络安全管理行为，落实网络安全责任追究，对于违反操作规定造成网络安全事故的责任人与相关部门要进行追责。动员群众积极参与网络安全管理，呼吁群众举报虚假新闻和威胁社会安定的信息，对群众举报要及时接受并处理。

建立校园网络信息安全的物质保障机制。网络安全维护需要技术和设备的投入。提升高校网络信息安全管理能力，需要不断升级高校网络安全防御系统，保证网络安全维护设备的良好运行，做好网络设备维护和更新。完善网络安全基础设施配备，增加对网络安全保障设备的资金和技术投入，及时淘汰落后、低效的管理方式与技术。加强对网络维护人员的技术培训，提高网络安全维护效率，学校调拨专项经费支持网络信息安全工作。

建立完善的校园网络监控机制。加强校园网 IP 地址的管理和维护，对访问范围进行管理控制，防止学生访问某些具有安全隐患的非法网站。不断升级校园网防火墙和内容过滤器技术，将可能威胁到校园网络系统和学生信息安全的病毒和非法信息过滤出去，避免校园网遭受恶意攻击。安装更高级别的杀毒软件，定期进行病毒查杀。对校园网的内容进行严格的把关，对网络信息进行筛选分析，清除不利于学生健康成长的内容。网络管理员和高校辅导员要对学生的网络行为进行管理和监督，引导学生规范使用网络。

参考文献

［1］王芬，陈其芳，肖晔．大学生思想政治实践教程［M］．北京：中国财政经济出版社，2023.

［2］沈壮海，刘晓亮，司文超．中国大学生思想政治教育发展报告2021［M］．北京：高等教育出版社，2023.

［3］鲁力，刘洋．新时代思想政治教育丛书现代思想政治教育的多维探索［M］．天津：天津人民出版社，2023.

［4］赵艳芳．新时代高校辅导员思想政治教育理论与实践探析［M］．北京：光明日报出版社，2023.

［5］申子姣，夏翠翠．大学生心理健康教育教师用书手把手教你打造体验式课堂［M］．北京：人民邮电出版社，2023.

［6］石加友，苗国厚．大学生思想政治教育管理学［M］．北京：光明日报出版社，2022.

［7］于超．大学生思想政治教育理论与实践创新研究［M］．长春：吉林大学出版社，2022.

［8］李冰．新时代大学生思想政治教育概述［M］．长春：吉林大学出版社，2022.

［9］张翔，马中力．新媒体视角下大学生思想政治教育创新探索［M］．延吉：延边大学出版社，2022.

［10］何丽萍．新时代大学生思想政治和道德选择能力培养研究［M］．武汉：华中科技大学出版社，2022.

［11］崔伟，陈娟．新时期高校大学生思想政治教育创新案例探究［M］．长春：吉林大学出版社，2022.

［12］高华，张艳亮．高校大学生思想政治教育的多维探索［M］．长春：吉林大学出版社，2022.

［13］吕志．大学生思想政治教育导读［M］．广州：华南理工大学出版社，2022.

［14］金永宪．当代大学生思想政治教育创新研究［M］．延吉：延边大学出版社，2022.

［15］韩艳阳，胡晓菲，肖丽霞．新时代大学生思想政治教育理论与实践研究［M］.北京：北京燕山出版社，2022.

［16］董树军，任贤英．"微时代"大学生思想政治"微教育"研究［M］.北京：中华工商联合出版社，2022.

［17］王安平．四川大学生思想政治教育研究中心文集［M］.成都：四川大学出版社，2022.

［18］黄琳．新时代大学生思想政治教育理论与实践研究［M］.北京：中国财富出版社，2022.

［19］丁永刚，徐静，王振宇．新时代大学生思想政治教育实践论文集［M］.西安：陕西人民出版社，2022.

［20］张录平，付红梅．大学生思想政治理论课实践教程［M］.沈阳：辽宁人民出版社，2022.

［21］宫福清．大学生思想政治教育实效性研究［M］.北京：中国社会科学出版社，2022.

［22］李净．中国当代研学丛书大学生思想政治教育链研究［M］.北京：中央编译出版社，2022.

［23］闫从山，罗静，李飞．中国特色社会主义文化融入大学生思想政治教育研究［M］.北京：石油工业出版社，2022.

［24］刘美红．新媒体环境下大学生思想政治教育的创新思考［M］.北京：中国纺织出版社，2022.

［25］张微，王祖根．新时代大学生思想政治工作优化路径研究：基于社会工作参与的行动策略［M］.武汉：武汉大学出版社，2022.

［26］谷照亮．新时代大学生精准思想政治教育研究［M］.北京：中国文史出版社，2022.

［27］王莎．运用大数据优化高校学生思想政治教育研究［M］.长沙：中南大学出版社，2022.

［28］巴雪冰．新时代思想政治教育丛书思想政治教育视域下大学生社会性发展研究［M］.天津：天津人民出版社，2022.

［29］梅萍．高校思想政治工作研究文库新时代大学生心理疏导模式创新研究［M］.北京：人民出版社，2022.

［30］丁欢欢．思想政治教育前沿书系新时代大学生社会公德培育研究［M］.北京：经济日报出版社，2022.

［31］许丹丹．思想政治教育优硕文库：当代大学生公共精神培育［M］.北京：知识产权

出版社，2022.

［32］杨美丽.新中国成立初期党对青年学生的思想引领研究［M］.北京：光明日报出版社，2022.

［33］万娟.基于创新发展的高校思想政治教育研究［M］.长春：吉林大学出版社，2022.

［34］严淑华，郭林锋.大学生情绪管理与思想政治教育［M］.北京：冶金工业出版社，2022.

［35］钟燕.新媒体视野下大学生思政教育创新探索［M］.天津：天津人民出版社，2022.

［36］范福强.高校思政教育与大学生择业的研究［M］.延吉：延边大学出版社，2022.